Željko Toprek

# TURBO SEVDAH

DRUŠTVO ŽIVIH PESNIKA

## Ajmo Mile i Bakire _ na građev'nu!!!

Mistrija i fangla, znate fugovat', ako ne znate zidat'...
Inače, radije tačke, nemoj na mješalac.
On brale _ slomi.
Poslije doma – idem rakočice. Jeste da, i takav krvavi radnik
sebi ne može na ovom brdu _ obezbijediti egzistenciju.
Maloprije navratiše Isus i Muhamed,
obojici džoint za uvom!!!
Ja sam taj i taj, a otaj nije niko,
do običan smrtnik.
Željko Toprek, bio pašče
napušćano u prošlom životu,
prije toga vuk.
Otad otkad zavijam,
pa do sada dokad
dođo i do toga
da pjesme pišem,
nema kroz kakve
patnje nisam
prošao.
Kao i svaki prosječan
Balkanac što prolazi,
izuzećemo političku scenu.
Ja mislim da je to naš tumor,
inače bi bili _ k'o drenovi.

## Auuuuuuuuuuu

Svi će misliti patetika,
jeste malo sutra
Osjetim daljinu,
iza nas razdvojenih
stojimo ja i ti zagrljeni,
slutimo i tad to što
će nam vrijeme donijeti,
fu, baš smo se
voljeli,
Ipak nisam, da ćete
od mene život
toliko daleko
odnijeti...
Srodne duše
kako se sretnu,
tako se i rastaju,
žrtvovao sam
sebe za pjesmu –
kako mi bude,
sve što počne
mora stići kraju,
onoga momenta kad
me grobari ponesu,
od naše daljine _
drhtaće studen.
Zezam se ja malo,
onaj ko spozna za ljubav
pravu _ više nikada ne pati,
sve što bi čovjek trebao
da shvati, u lavež
psa je stalo.
Noću dok zavija gladan,
otišao mu gazda za Boga pitaj čime,
osjetio da je život vrijedan svake patnje -
ipak je na pravoj strani istine.
Pa ja, i bolje mu je tu gdje jeste,
nego da je negdje na lancu.
Psi, takozvani po Balkanski _ lutalice,
su žrtve (godinama i godinama) _ genocida.

Da, baš to, od te naše vrline
smaketi kerče za glavu
su nam i ostali koje
smo počinili na ovom
našem, već sadee –
totalno sjebanom
brdu.
Znači, ko baci nejač u jendek da umre gladno
i žedno _ bacio je sam sebe u jendek.
Može poslije imati sve na svijetu – mir nikad ne.
Naće ga ljudski rod onda kad zavoli
sve oko sebe _ kao što voli svoju djecu.
Ne možeš ni njih, ako bi dao
ćuku na ugibanje bez hrane i vode,
radiš posredno preko
malčice vremena
prema sutra i najmilijima oko sebe,
najgore.
Nema sile da taj i mene ne bi bacio u,
po ko zna koji put ponavljam
tu riječ – jendek.
Mislim, bi mogao pokušati,
vuk kad dug vrati čovjeku,
kosti će da nam se prevrću
u grobu

## Auuuuuuuuuuu

Svi će misliti patetika,
jeste malo sutra
Osjetim daljinu,
iza nas razdvojenih
stojimo ja i ti zagrljeni,
slutimo i tad to što
će nam vrijeme donijeti,
fu, baš smo se
voljeli,
Ipak nisam, da ćete
od mene život
toliko daleko
odnijeti...
Srodne duše
kako se sretnu,
tako se i rastaju,
žrtvovao sam
sebe za pjesmu –
kako mi bude,
sve što počne
mora stići kraju,
onoga momenta kad
me grobari ponesu,
od naše daljine _
drhtaće studen.
Zezam se ja malo,
onaj ko spozna za ljubav
pravu _ više nikada ne pati,
sve što bi čovjek trebao
da shvati, u lavež
psa je stalo.
Noću dok zavija gladan,
otišao mu gazda za Boga pitaj čime,
osjetio da je život vrijedan svake patnje -
ipak je na pravoj strani istine.
Pa ja, i bolje mu je tu gdje jeste,
nego da je negdje na lancu.
Psi, takozvani po Balkanski _ lutalice,
su žrtve (godinama i godinama) _ genocida.

Da, baš to, od te naše vrline
smaketi kerče za glavu
su nam i ostali koje
smo počinili na ovom
našem, već sadee –
totalno sjebanom
brdu.
Znači, ko baci nejač u jendek da umre gladno
i žedno _ bacio je sam sebe u jendek.
Može poslije imati sve na svijetu – mir nikad ne.
Naće ga ljudski rod onda kad zavoli
sve oko sebe _ kao što voli svoju djecu.
Ne možeš ni njih, ako bi dao
ćuku na ugibanje bez hrane i vode,
radiš posredno preko
malčice vremena
prema sutra i najmilijima oko sebe,
najgore.
Nema sile da taj i mene ne bi bacio u,
po ko zna koji put ponavljam
tu riječ – jendek.
Mislim, bi mogao pokušati,
vuk kad dug vrati čovjeku,
kosti će da nam se prevrću
u grobu

**Bambi**

Poslije smrti onome ko
me zakopa _ ostavljam
deset eura ispod sata.
Toliko imam, ako nije dovoljno _
ubacuj u rupu Topreka –
bez sanduka!!!

**Ble**

Osjetim da sam stariji,
kosti me bole
i ponekad glava,
ako ništa, barem sam
sebi malo jasniji,
duša i pored
hroničnih bolova
k'o jagnje spava.
Ni ne sluti
šta ju čeka,
vrti se na
ražnju odojak,
mi pokraj -
nadamo se raju.
Imamo čak
obraza za njega
Boga moliti.
Znači, neka boli
cijelo tijelo
i neka sam sijed,
volim život isto
kao što ga i dijete
od ovce ljubi,
nije življenje samo -
sjed _ jed.
Nego lijepo sjedeš za
sto na kojem nema
jagnjetine,
sram naš vrišti –
ništa nam ne daj svevišnji _
osim ono što smo zaslužili!!!

**BU _ ništa JEVROPA!!!**

Isus i Muhamed - gandžijaju _ na Unkiću.
To ti je negdje blizu granice između Federacije
i Republike Srpske, od ta dva tora –
Balkan ne viđe veća rugla.
Toliko se voli entiteta,
od smeća se ne vidi domovina,
rasturena na dijelove.
Izvinite, ali ispod jedinstva ljudskog
na nivou cijele Zemlje - ne mogu
I da, ma pusti me toga - ja nisam takav.
Svi smo mi odreda bili nekad
u zabludi, čim si pripadao
cigareti – nekome totalno
pogrešnom --- si bio vjeran.
Manite se ćorava posla, nema
nas u svijetu boljih, samo još nikada
nismo imali – zajedničkog vođu.
Jesmo, Tita, ali aparat
kao što bi Jugoslavija - je
predimenzionalan _
za tada _ običnog smrtnika.
Tek će da se pokaže njeno pravo svjetlo
kad Josip vaskrsne. Iza njega horde ratnika,
pustili se sa gOLOG oTOKA.
Umjesto da je u narodu ostala glavna _ mot'ka,
on digao oružje na sebe i svoje bližnje.
Toliko mi znamo oko religije,
Broz je bio pobožniji!
Privredu Balkana neće moći da spriječi
ni ova trulež od politike – da napreduje.
Oživjeće sela, vratiće se gastrajbajter domu,
neće više morati u svijetu _ svoje
porijeklo da krije. Lijepo je svagdje,
al' ko ovdje --- nigdje.
Da, bio sam i ja u zabludi _ treba bježati,
Sad sam na istini – koja mi govori _
ostani.
Dajem sve od sebe,
rovim i rukama i nogama,

braća se slože, čim
MMF ne da kredite _ jer ako
se ne uvede njihov danak,
ostaće i domaći prevaranti
bez svoga.
More, ne dam ni pedlja.
Dokazaću kako se može.
Nije bitno kojoj ti to
naciji ljudstva pripadaš,
niti što si ispod pseće, ili krmeće kože,
poštujem svakoga, ko i sebe što pazim,
da nam bude svima mira i sloge _
e tu nam pomozi Bože.
Mada, on ni za to ne
mora mrdnuti čunom.
Do zadnje stavke _
nereda je zbog nas ljudi.
A on počinje od lova.
Nekada, ne tako davno _ nismo znali kako
da prehranimo svoju nejač,
pa smo se polakomili
ubijanju životinja, zaboravili
kako štija ašov, lakše je
prevlačiti preko mobitela
brazde.
Onda nam svevišnji
dade još veće kazne,
spusti na Zemlju političare.
I neka nam je, isto k'o da
nismo rođeni zbog poezije.
Ofulali skroz, posebno
sa bankama i novcem.
Umjesto da ga ima svako
onoliko koliko mu treba za vode i struje
pa onda da ne troši do zadnjeg i
ulazi u minus dvije plate – nejač oće raneee,
na sve to – neki
žuti i uštedi.
Najsličnije _ k'o
da ćemo sve ponijeti sa sobom
u grob.

Ja bi' _ naravno, ako može Bože _
komp. Ovaj pokretni.
Ne dajem mu oduška ni minute.
Što od rada _ da uspijemo na polju privrede,
Što od pisanja _ da se osvijestimo.
Iliti najjjjtačnije kazano:
Činim to tako što
sebe stavljam na muke,
spoznah da se i ovdje može
uživati.
Ajmo zasukati rukave _
jedan dan u sedmici
pokupimo papir iz dvorišta,
nemojmo _ otpad u rijeku bacati,
nahranimo i napojimo slabije _
za nas šta ostane,
jer svejedno nismo došli da uživamo _
nego --- služimo.
Znači božije, ništa sveti ovaj i onaj.
Kako iko od nas može biti takav dok
za obrok imamo leš zeca?
Ljeb ti poljubim, kakva je
to njegova patnja, čisto
da se mi na kraju u vc šolju –
ulitamo.
Znači i to _ fuj smo.
Posebno kad se uhvatimo u kolo neke stranke.
Bilo bi me sramota – zaista.
A ovog što danas jesam – nije.
Ko ga šiša, neka viču kroz
pendžere domaćice – eno ga pukao skroz.
Onda se razmaknu zavjese od povjetarca _ koji
aman svako proljeće _ vođe duva, razvlače se trač partije uz fuka.
Na sred displeja rupa _ nastala od lajkova.
Ma kakvog pluga, po tom pitanju je tegleća stoka – rahat!!!
Najbolje da ne idete ispod prozora moga.
Tu vas već može u'vatiti dim.
Samo što eto _ više nije od duvana.
Ima ga samo u tragovima.
Hoćemo se danas krstiti ili klanjati?
Upita mlađi bratac, stariji nastavi motati...

## Cveki

Pucaju prangije, i te baje!
Mudrolije, ne znam odakle mi ovo
prezime bez ić, u prošlom životu
sam bio Bobi iz jednog
kvarta, ili naselja koga
su dernuli u čelo dok se
vi molište u crkvi i džamiji –
pijani lovci.
Paz kad se sutra rodi, i sve
to Isus potvrdi, Muhamed
dijeli potvrde –
Ovi prostori su do nedavno bili
paganski, desila su se učenja
Bude, Isusa i Muhameda,
ništa loše, iako ja ne spadam
u takve vjernike, samo
što se to do danas
dani običnom čovjeku –
pogrešno prenijelo,
tačnije, nije Balkanac
svoje korijene ni izgubio,
samo mu treba neko
otvoriti oči.
Apsi milicija te što itaju te naprave,
a ne one što pušu u džoint...
Horor – gimnastika!
Duvaljka za najlon – vreće, što dreče
iz korita rijeka, ja, baš to, i tojega
boga mi poštujemo.
Spremni bi bili zataketi se nanove
sa krstovima i ljiljanima,
a ne bi se znali kutalisati –
bacanja petardi.
Jašta da znam ko je bio Isus, isto tako
znam i za Muhameda – rek'o mi jednom
dok smo pričali – bruder Buda!!!
Čik da vi ne znate proslaviti Božić i Bajram
u isti dan – eto kakvi ste mi braćo
i sestre - Balkanci

Nagodinu, ako Bog da –
umjesto badnjaka donijeću
dušu svima otvorenu,
pa i prema pripitomljenom
hrastu... stradaju oni po njivama,
to ti je sve opasano petardama,
ide da prepada nejač šumsku,
ko će u prikrajku oranice biti –
nego mali zeka ---
Dobro Vam Badnje Jutro –
Ako ćete iskreno _ jadno nam je i
Hrišćanstvo i Islam – ako
ne poštujemo druge oko
nas, al' kao sebe.
Čuda se već dešavaju,
još kad oživi poezija
za prave, e onda
ćemo da vidimo
kud' nas putevi
tek mogu
odvesti –
ako tuđi
život poštujemo
i cijenimo kao svoj.
Volim i ja Badnji dan,
kršim badnjak
da ga ustaknem
kao grančicu
mira – cerovu,
A ne da posiječem cijelo
stablo – koje da naraste
metar u visinu
treba mu puno dana.
Ne govorim u suprot
Pravoslavlju – nego
nam hoću reći gdje
i kako griješimo.
Bolje da ne ideš ga
ustrgnuti na Badnje jutro,
ako ćeš na prag kućni
izvaliti, deset centi

preko panja - cerinu!!!
Onda nema šta da je drugo –
do to – da nam je cer
u glavi, ma kakvi –
bukva, siječe ko šta stigne,
plejaju bagreme
i grabove, poštuju valjda
tako – nekojake bogove.
Nije sramota reći
pogriješio sam –
znam to tako –
što sam do jučer
isti bio.
Sa koljena na koljeno
paganski običaj
kojim mi dočekujemo
rađanje Hrista.
Niđe veze, al' aj
Alija – nek' je više vojske.
Ako krene najgore,
a to je rat, vjerujte
stradamo svi odreda.
Nema u toj igri – spašenih.
Kad jednog dana
osvane miran za vječnost
Balkan – smiriće se i cijeli
svijet.
Šta ćemo onda činiti
presvijetli Topreče?
Uživati u sniježnoj idili,
a ne čkomiti u kući jer
mi se moj mali drugar
plaši dernjačenja
zvanom bum –
smrdi barut.
Nema sile da nobelovu
ne bih odbio.
izazivam dodjelioce
da mi ju ponude...
Mogli bi, al' tad bi
Isus prošetao

sa Muhamedom
preko našeg brda,
iza njih dvojice kolone
zaklanih svinja i ovaca.
Odoše u raj –
nama ovakvima –
ne gine pakao.
Ko što nam i jeste,
samo da se osvane
nogama pod stolom –
eto šta je nama bitno.
Jadne ove gore već
mnoge nabrojane vrste,
pa et!!!
Pupi danima pod krevetom –
trese se ko prut!!!

## Digimon i Pokemon

Nešto spominju Branka Kockicu,
ne upratim, ali znam da mi je mnogo
valjao u odrastanju,
ostao sam na pravom putu,
nisam treptao dok njegova emisija traje.
Donijela me roda,
i to malo supita bila
kad me teglila,
ispustila na Balkan.
Prvih četrdeset
godina sam proveo
u snalaženju.
već treću tučem
u pisanju.
Čekam da me ponese
sljedeća.
Ko, pjesma?
Ma jok roda...
A i vi se pravite
k'o da ne znate
o čemu pričam.
Ima li neko da ga zadužim
za muziku prilikom
moje sahrane, opet ne znam
za Branka šta pričaju, čisto
da ze obezbijedim
za atmosferu...
Neću neke drekavce,
hoću da me isprate
zvuci trube i tehna,
onda se na magnetofon
oglasi nova od „dobojskih dukata",
uzima u ruku rudar - za restoran bon.
Pojma nema da li će živ sa posla izaći.
Da, može i to, slažem se da imamo
službenike u crkvama i džamijama,
ali neka prosvjetljuju o svom trošku.
Što bi se na primjer njima plaćala svijest,

dok pjesniku _ testis od Marjana.
Znači, za oprost se ne daje u parama,
nadrljao je onaj ko ih uzme _ isto kao
i onaj što ih daje.
Ma jok to, odem na party.
malo se izđuskam sa društvom,
pa opet u nove pobjede.
Ne da mi se vikati kojekakve pokliče,
kad znam da to nema veze sa Bogom.
Ja u drugačijeg vjerujem, i na drugi način.
Znači, totalno kontra,
i više nego oni što mu se mole.
Govorim istinu, mnogi to znate, samo se bojite odvojiti _
od kolotečine.
Međutim, ubrzo – ni to više neće biti problem,
svi će odreda --- pisati pjesme.
A to reče – jedan drugi Branko.

## Dinamit

Zuji mi u glavi,
vampiri prave bal, pa se
malo razigrali.
Vani sija sunce kao da je april,
komšinica utjerala kola u avliju,
ko zna gdje se mi to nalazimo?
Ja li zuji, ljeb ti poljubim!!!
K'o da je ludilo,
joj šutite kad vas molim,
jednom sam bio spao
pravo sa baglama,
i to trajalo skoro tri sata.
Samo sam molio Boga
da se u normalu vratim.
Onda me on posluša,
probudim se u kamionu
kraj Ajaxovog stadiona.
Pravio vikend pauzu,
eto šta sam radio,
istovarao stolice
od balkAnske bukve.
Ništa kladionica,
djeci kifle po svijetu
tražio. Onda
malo da se opustim
od svega naletim kako u nekom
lokalu mnogo crn momak mota na čistaka.
Kaže, eto, probaj. Čini mi se da prvi dim nisam ni ispustio iz sebe,
istrčao na sred ulice da zaustavim neki auto, htio bi' da me vozi do
moje bajte - koju sreća kolega znao gdje smo ostavili. Onda regata fiat
prođe ispred nas šest puta, neće da stane, onda sedmi stade, pa nas
potovari bekrija, gas u pod dade - ganjaj bicikliste po ulicama
Amsterdama. Učestvujemo svi u veoma eksplozivnoj trci, Boga ti pitaj
kad me u noć sve to pustilo. Sutradan se već navikao da sam u gradu u
kojem smijem duvati, pa sam puškarao cijeli, i onaj sljedeći -
bezbrižno.

U Bosni i Hercegovini je to još uvijek krivično djelo, za pola džointa odgovaraš isto kao da si nekog' ubio.
Gdje nam je pamet? Pa izgorila na duvanu i alkoholu - eto đeee!!!
Oni su inače - zakonom dozvoljeni.

## Ding - Dong

Balkanski vrač –
Svinjska Glava na Astalu.
Volimo samo, ništa drugo
ne trebamo činiti pod milim Bogom...
Što se tiče pihtija, svejedno sam vege
Smijem li biti sam,
al' ono pravo?
Pokušam ponekad...
kad se tako otuđim
od cijelog svijeta _
pišem pjesme!
Teče voda sa stare česme,
opraše ljudi krmku utrobu.
poslije toga tijelo božijeg djeteta ---
što se kaže, ide na ražanj.
Dosad smo raspeli Isusa,
svevišnji te pit'o puta.
Bitno je da pop i hodža
lupaju gluposti.
Skidam kapu Irineju
za mrtvačka zvona.
Misliš li da i tebi
jednog dana neće
isti sudija suditi?!
Koleginica sa prava
iz susjednog grada
je potvrdila da nismo
krivi, čak od mene
knjigu kupila.
To mi je ja mislim bila
prva koju sam prodao,
poslije smo te pare
na cugu potrošili.
Veče Društva Živih Pesnika,
priredili su mi pormociju
života, tema je bila
moja zbirka.
Treba san takav odsanjati,
i za to imati muda.

Naravno da imam,
i da ću ih poturiti za svopšte bolje.
Ono što trebamo – to je _
barem poštujmo druge kao sebe.
Lako ćemo poslije za ljubav,
ona se uči dok smo živi –
nema odustajanja.
Priča ide dalje,
niti mi šta za groba treba!
Dio mirna neba postoji,
pružimo mu ruke.
Jesam se naod'o po sudovima,
neka _ ne žalim,
znao sam da je kolega iz firme
bio u pravu, pa sam kao odgovorno
ime malog poduzeća istjerao pravdu.
Poslije? Poslije se uči
da se nikom ništa ne zamjeri.
Onaj ko hoće da se istrese,
poturam mu svoje srce.
neka stane odmah,
život ovaj puta _
nisam ofulao.
Ko ti je to dao Topreče?
Onaj sa nebesa,
jest me namučio,
ni to mu ne zamjerim.
Samo žeži.
Ima da ih ispržim naOko.
Sad bi radije svoja pojeo –
nego od kokoške. Sutra ću barena,
toliko još o pihtijama.
Može i za mene jedna mrtvačka zvona?!

## Dobrojtro

Korak sam do survalije
iz koje nema nazad,
isto tako sa druge
strane vozilo hitne
nikog ne vozi,
savim sam siguran...
Između svega toga
obitavam, mirno
spavam kao lala,
koga šiša, svjedno
se jednom _ neću
probuditi!!!

## dUMA - GIJa

Imam u dvorištu četiri šteneta, bi l' možda kojeg _ neko udomio?
Jesu jesu, svi su muški...
Ništa ilegalno, osim nekad' da se nađe koja travka u džepu – nema veze, za to me možete hapsiti
kad god hoćete – ne osjećam krivicu, pa ni pred Isusom. Pred Bogom se zacrvenim –
ako nisam naduvan
Nosim u gepeku šteku cigare, i tri litre rakije, ako mi nađu više od dvije – propušiću.
Nije duvan meni, prodam, da petaka zaradim.
Vraćam se jednom tako sa eGzita, kad na Rači - veli meni pandurče, izvadi sve stvari na sto pored
autobusa... ono na vrhu nesesera - zajedno za četkicom za zube _ čarape u kojim sam došao na žurku,
smrde do Novog Sada. Upade baraba, ja ništa, nastavih preko Bijeljine
Sljedećih dana rigorozniji pregledi na ulazu u evropsku uniju.
Moraš imati kod sebe minimum nekoliko eura po danu – koliko u tvorevini stvorenoj na zelenašenju misliš ostati. Ja ih znam koliko god hoćeš u toj sjajnoj EU, koji krpe kao i ja – kraj sa krajem – do plate.
Možete li zamisliti seks između Mrileta i Kitarke...?
Kakva b' to vriska bila...
Molim te da glasaš za mene, daću ti parče kifle...
Joj, ma to ti je kolona za cenera minuta.
Šta sam samo puta – stao u red.
Onda na glasački listić napišem –
mame vam ga svima _
od prvog do zadnjeg.
Odrasli uz _ nema se!
Šalter za rate, korisnicima na poklon – lopata, i ona u jednini.
Postojimo li mi uopšte, ili je uopće – suvišno?
Ma mora da se šminka frajer, ne možeš biti toliko lud – od rođenja.
Sat sa zlatnim lancem i salašem... ne želim ja to, nego dobru robu.
Upomoć Turci... oni te na cesti ne ostavljaju bez pomoći.
Glavni grad – Tešanj, većinom raja vjeruje u Islam.
Zaslužuju da vode privredu cijeloga regiona ka boljem...
Jeste da, to im je zahvaljujući bankama sa istoka – ne preferiraju zapadne.
Ne boj se Aleksandre – tebe još malo neće niko zarezivati – ni za suvu šljivu.

Pripremajmo krst domaćim izdajnicima!!!
Ovoga ćete povući za čunu. Smijaće vam se
iz groba... Vaskrsenje je moguće, to valjda znamo,
i to ima već – preko dvije hiljade godina...
Na današnji dan javljam _ rodiće se novi mesija.
Bravo Srbijo – niste me iznevjerili.
Naizmjenično, iz republike u republiku.
Gomlo moj djede, jašta je nego TO.
Koji je on AV, omladinci mu šetaju svaku veče ispod prozora _ sa uzvikom –
dole diktat svjetskih bankara – vratimo dinar na razine Juge.
Mrš iz avlije u mene!!! Ma neee, on ko p... gasi djeci struju.
Nikola Tesla se u grobu prevrće.
Vule mi te volimo, da ne bi tebe – ko zna dokle bi...
Nije do MMF a, nego je do domaćih - koji
bankarske zakone provode. Zadužili
se za budžet i njegove korisnike –
biće _ vraćaj dugove --- sirotinjo.
Znači li to – neko veli iz publike _
da će nadrljati oni što su ih
podizali u ime nas, naše djece,
unučadi, itd...?
Ma kakvi, oni su političari –
imaju imunitet.
Jeste da, ali dok
ne izađoše jednog
dana u Srbiji, mladi
na ulice – kapa dole.
Ni ja ne glasam nikad, to ne
znači da hoću ovakvu propast –
koja nas je zadesila.
Na sve to – Bog premilostiv,
pa kaže – nije još kasno,
samo treba da podržimo
braću preko Drine.
Ni kod nas u BiH –
stanje nije bolje.
Kako onda Topreče pozivaš
na korak naprijed, kad mi nismo
još sveukupno za ljubav dorasli?
Lijepo – uzorimo.

Inače će da nas bude gladnih.
Cio svijet se izgleda na nas okomio...
Ma kakvi, sve je to do naših guzonja.
Jašta je, nego diktatura -
i to svuda oko...
Znači – Balkanska Unija,
te priče preferiram.
Vidjećete onda teke _
šta znači _ sreća.
I ti ćeš Željune, ili?
Ja već znam, uživam u pobjedi.
Tačnije rečeno – presretan.
Dešavaju se promjene – ništa rat,
prebacimo se na štijanje.
Ima vala napuštene zemlje – širom našeg brda.
Nema da nema, nego će da bude – blagostanje.
Sretno nam svima – Bogojavljenje.
Ništa to Srbin, Hrvat, Musliman,
pa o tome oko kazana sa rakijom –
ako već morate posegnuti za opijatom –
zapalite džoint.
I on će dogodine – biti legalan.
Onda će se na skupštini vijećati,
hoćemo li skank, ili domaću.
Vratićemo se prirodi _
majci na krilo!!!
Naravno da ću izaći za mladim ljudima,
jer oni još uvijek ne umiju da mrze.
Zlo potiče od nas odraslih –
posebno onih što sebi umisle
da su vidoviti, onda otoje
ubacuju u stih.
Ma kakvi, nisam je od te sorte,
pjesme pišem na pauzi.
Ja ja, brale moj, radim ko crv.
Zajedno sa kolegama.
Nema da ne može.
Godišnje tučemo preko miliona...
kilometara – Evrope i Balkana.
Ništa što je ispred stau,
koloni vozila – nigdje kraja,

noga preskače sa kočnice na gas –
kao dijete preko potoka.
Onda jednom profula,
pa bućne u vodu.
Osjećaj slobode
se ne mjeri ni - sa - čim.
osim kad je to u pitanju
zdravlje.
Kad i njega nestane,
onda nam više ne treba ništa.
Nemojte da nam bude
za sve _ prakasno zaista.
Ipak, nije svevišnji
baš tolika budala.

**In memoriam**

Tariguz – bujad _ ništa vlažne maramice!!!
U takvoj za brisanje nosa –
ali friško opranoj _ što se kaže –
komad kuruze
Jedna je mama... za nju sam činio sve!
Čak se odrekao pjesme.
Pisao ih i u to vrijeme, ali
sam morao na istu priču zaboraviti –
bila je borba za komad.
Ja sam pjesnik _ doduše, amater.
Mater mi odavno nije živa,
dočekala nije ni sinu i kćerci – svate.
mnogo smo mali ostali bez nje,
da se nekih detalja provedenih
zajedno _ više i ne sjećam.
Najviše smo se družili uz
Ružonju i Garonju,
oremo po cijeli dan
brazdu, sestra pored njive _
igra se sa gušterima...
Kakva Barbika,
njoj ti je to bila
gušterica – istom
ostala bez repa.
Onda joj poslije poraste,
kao u svakoj sapunici.
Samo što druga
iza pluga _ nastrada,
pa ju ne stiže dječija
patnja.
Kroz šta smo sve
moja matera, prošli poslije,
nas dvoje tvoje djece,
i ti bi se zaibretila.
Što se tiče hodanja
za volovima
po tuđim njivama,
nisam prestao,
samo što sad vodam

kamione.
Isto dođe,
pokušavam ti
dok sam ovdje –
osvjetlati obraz.
Da ne kaže neko,
vid kakav je onaj Zorkin.
Djevojačko Ilić...
Od oca Davida
i majke Smiljke.

**Jablan i Rudonja**

Za sam da bude rata u nas,
ali da ga samo vode _
oni koji se bave politikom
Jednog lijepog dana
neće postojati ni
jedna jedina
država na planeti
Zemlji...
Opet pada bijeli,
nova godina neće
još zadugo, crkava
februar 2017 te,
Balkan gazi,
i opet, opet,
opet - pogrešnim
drumom.
Kako?
Pa zato
što ga vodi -
mu mu --- uspijeva mu!!!
Imao moj komšija u isto vrijeme
dvije cure, onda se one našle i pobile,
krvave po čitavom tijelu – on im veli –
iskrvarite.

**Kikiriki molitva!!!**

Vidovita Džemila,
ližem kurije oči za dvadeset
eura. Kome?
Joj šut, ima takvi careva kol'ko oš,
još se dočepali love, kupe sebi za ramena
puške, odu u šumu – ubiju zeca.
Ne treba nama vanjski neprijatelj,
kad smo mi sami sebi - smrtni
Ajte sad malo Rusi i Ameri
parkirajte tenkove u svoju bašču,
pa tamo opletite po najvećoj ljudskoj
nebulozi, a ona se zove rat.
Prokidanje hemoroida,
na malom prstu nokat -
za češanje pupka!
Sramićemo se jednog dana toga,
isto kao što se danas – ničega
ne libimo, kad je u pitanju
opstanak naše guzice, slično
kao da Boga stvrano nema,
pa i da nema, ako otruješ
najvjernijeg svoga prijatelja,
skroz si zglajzao.
Igrao sam neki dan saaa
Muhamedom, Isusom i
Budom klikera,
pa vi vid'te
GENOCID NAD PSIMA
(SAMI POČETAK NOVE ERE)
Balkansko kerče truju ljudi,
jesu se i dočepali nesvijesti –
moj ti lijepi Bože
Unija Balkanskih Živih Bića,
primamo sve izbjeglice svijeta,
nismo k'o Jevropa,
samo što kod nas niko
neće više ni da utekne,
čak smo i mi te - izbjeglice.
No, sory, ostajem ovdje ovoga puta,

hoću da budem ponos djedova.
što kaže moj jedan dobar drug,
tu sam nekako lakši,
kao da plovim na oblacima
Kad sam birao da se rodim
kao ovaj koji danas jesam,
a sutra već nisam, bilo mi
je veoma bitno da budem
prosjek obična čovječuljka
koji bi da zapisuje
ljudsku istinu
na početku dvadeset
prvog vijeka
poslije Isusa,
zakačio malo
i prethodnog.
Negdje na sredini Balkana,
cvrči vrčak melodiju,
da i hoću da ne
škrabam poeziju –
to ne mogu.
Jednostavno
je to nešto
jače od mene,
toliko jako -
da kad stih krene -
nema zaustavljanja.
Smrt, onda može
jedrenje po nebu,
ali ako si do zadnje
sekunde stigao
kao svjestan
zbog čega si
se rodio – Balkanče,
zemo vrli --- Ljubav!!!
Bog postoji, kad
bih vam sadee pričao
kako izgleda,
otišli bi predaleko,
skoro do svakog
živog bića.

Ma kakvi skoro,
do zadnjegaa.
Onda kad, ne daj Bože nikom –
nadogradnja pukne, češemo se klipom,
koju inače dok je nottak zdrav,
ne damo nikom do za svoja leđa.
Ladovina, jbš to Mile i Bakire
što se po gradovima te njive oko
koje se sporite truju psi.
Alo bre, kome vi to
muda pod bubrege?!
Znam bolni ne bili
odakle smo stigli –
da ne znam šta znate vas dvojica.
Gore ruke Balkan, pustimo sva govna od politike
sa prvim potezanjem tastera vodokotlića.
Kanalizacija, nema nijednog od nas
koga jednog dana neće prolitati crvi,
i to im popucali bruhovi
na debelom crijevu,
puna zemlja usahle krvi.
Na kraju to što ostane od našeg tijela
je prah – dalje nastavlja duša.
Naravno da se ne proizvode
ploveća sredstva za mrtve –
marke mercedes i audi –
ma kakvi, danas bi pojeli
za sahrane njegove
i od razapetog brudera – magare.
Pa ja, kad bi ja ovih dana se prošetao
do lokalne crkve i rekao pred svima da nema
više nikakvog darivanja ikona i krstova,
okačili bi me na brzaka za testise.
Onda bi zvona označila kraj,
ali prvog poluvremena.
Nikad se neću predati,
a da barem ne pokušam.
Kome se ide sa ovog našeg preljepog brda,
brate, vrata mu otvorena.
Ali samo do onih kad će da
se sjeti svih ovih

džemiliNih riječi.
Vidi zaista đe današnja religija ne vidi.
Ma kakvi to, znaju oni za svoja dupeta.
pa ako nije nova limuzina, i da nije sa zatamnjenim staklima –
poseri je tamo.

## Krikkkkkkkkkkkkk

Marisol voli Janeza, isto i naša Mara.
Ma to ti je izgibija, samo šut' _ pa et'.
Nos – suvarak od mrkve...
Kod komšije drnda mašina za veš,
moja maloprije završila,
donijeće MMF _ na kamatu keš,
države nastale raspadom
Jugoslavije – plaše
mladež – k'o vrane --- strašila!
Osim Slovenije.
Televizija tuče na šPanskom _
isto da nismo na Balkanu.
Sramota me okačiti gaće na štrik,
sve rupa do rupe!
Sačekaću nek' on prvi.
Isto kao da mi u BiH i Hrvatskoj –
ne trebamo proteste.
Ma mi stari samo znamo kukati.
Djeco – sa vama sam.
Za sam da i u našem gradu
trebamo tako.
Nije - de šuti,
okrpiće se, nego
neka se svako smije
kad hoće slobodno provozati _
bez straha od rasturenih amortizera.
Lupa, hoće da iskoči sa prvog sprata,
sreća komšo kao i ja
ima malo prozorče na kupatilu.
Ma kakvi, ova će da izbije vanjski zid zgrade.
Vlade, vlade – nema Vuleta nigdje.
Pojeo ga AV.
Napušten od svih, htjeće da
prošeta sa omladinom.
JbŠ to da si preccednik,
a ne smiješ sa rajom
izdumagijati džoint.
Pričao sam ti ja, ali nećeš da slušaš.
Moje ti suze više ne mogu pomoći.

Idem da okačim sreću na balkon...
Kod susjeda tange!
Crna Gora ušla u Nato - drž'te se dobro braćo Kinezi!
Nisam odavno bio u Makedoniji, zadnji put prolazio kad sam išao u Albaniju - iskreno, nisam vidio po ulicama pobacano smeće, ako ćemo iskreno. Nije to do komunalije niti do naroda, više je _ što su zadržali istinsko sa istoka, zapad nam ućerao maunu. Nije kriva za sve Jevropa, sa njom je u talu i Amerika. Na drugoj strani Rusi.
Mi vođekareka na sredini, i svakom' na udaru. Međutim, evo meni Bog veli - pričaj. Shvaćaju djeca danas samo za sekund što mi godinama ne možemo utuviti u glavu - dole robovlasništvo, posebno ono koje se kiti time da je izabrano. More - MRŠ!!! Idemo poslije smjene vlasti cijeloga regiona pokupiti smeće i nahraniti napuštene ljubimce, ulijte u zdjele i vode. Ako ne znamo kako, pitajmo Slovence. Nema papirića za lijeka, niti napuštenog šćuke. Najčistiji su u regionu, a i šire, po viđenom, pošteni k'o alBanski carinici, Čak me i policajac jedan stopao, u nas me zaustavi na pet kilometara - pet patrola. Onda kad sam istom zakoračio na tlo Albanije - dočekao me službenik u friško opeglanom odijelu - nije tražio ništa na kafu. To je drugi korak, pašće u zaborav granice. Što kod nas na Balkanu, što u cijelom svijetu. I da, neće morati djeca hodati po ulicama sa parolama, dole diktator, a on ni da se javi. Pa ni preko radija. Znači, mnogo golema šupčina!

**Laktaši protiv ostatka svijeta**

Glasam za Konstantina –
i na sljedećem izborima,
gore od ovoga jada
trenutno – neće sigurno
donijeti, kud lik
iz Teslića
Utovaram istovaram _ moja kola malena,
tačnije disponiram kemionima - koji
meni i mojoj djeci život znače,
crkli bi dosad svi odreda od gladi
da ne bi brale moj _ volana.
Mnogo mi je drago što
sam u ovom životu tim putem -
stigao do pjesama,
Pomozi onog ko hoće
da radi... onaj ko neće,
a ljubi da luksuzno živi –
kod nas na Balkanu _
ide u politiku.

## Ljubav

Da li govorim istinu kad
kažem da znam šta
nas može dovesti
do vječnog mira na Balkanu,
poslije njega _ u cijelom svijetu?!!!
Pa valjda je to sveopšte poznato
još iz vremena Bude, Isusa i Muhameda,
međutim nama ljudima - još nije,
podnosimo zbog tojega ---
božijeg kijameta -
ne daj Bože nikom ovako.
Kojeg bona raja?!!!
čeka nas pakao
takav, da istinu
o njemu sad znamo _
crkli bi odma' od straha.
Da, bez daha nam to mogu
reći, postali smo
obične crkotine.
Poljubimo se,
stižu nove crvotočine,
budala se uzda
nekojakvoj sreći.
Čim se u nju kuneš –
stiće te nesreća.
Nešto kao,
svetroj'ca
odjednom.
što moja
Baka imala
običaj reći –
grom gromova.
Dakle, svi smo isti,
samo vjerujemo
u različita čuda.
Kud onda
i šta od svega?
nikuda i ništa _
opušćano uživaš.

Prvih deset minuta
poslije tolike i naporne
jevte snove snivam.
Jeste malo mauna,
opet bi' ja da svijet spasim.
Možda se ti tako Topreče
plašiš svojoj guzici?
Jok, ja sam te već krugove pakla
po šest puta prob'o.
Istinu da ------šta,?
NEGO VELIM.
VOLIMO SE!!!
Jbg izgubio sam negdje
upitnik.
Usput –
priča se ne zvaršava sa padanjem tijela.
Vidimo se i poslije, vidjećete šta znači riječ žurka.
Do jaja Željko, il' kako?!!! eve ga.
Jok i to, osamnaesti dan vade ga ispod kočke,
istom kad pile još nije dobilo kosti –
prže i jedu... tim ljudima se mi Balkanci
gadimo jer čupamo svinje iz govana do ušiju –
nabijamo na ražanj sa pomenom na nekog
kao božijeg svetca.
Dać' ja vama njega, samo dok sa neba siđem...
Jeste da, voljeli bi mi da sve ovo završava kad nam srce stane. Međutim
ništa od toga, valja nam odroktati i preblejati tako stotine života dok
stignemo do neke - ajmo reći sreće. Više se ne libim da nam to saspem
u facu - znam da nam time donosim bolje. Ako ne kažem, tek onda bi
nula od čovjeka bio. Jednog dana ljudi neće jesti meso, tek onda nastaju
ispaštanja, sve životinje odjednom na ulici, napuštene. Za ručak djeci
pečemo šćene,
vičemo za ukop tijela - premudro.
Jes' vala baš, baš!!!
Tako zna svako biti mudar.
Opijelo je sto eura!
Men' ga ne čitajte...
Imam već ljude zadužene sa moju sahranu.
Ako umru prije mene - preniječu zadatak na druge.
Imam ih oko sebe mnogo, svakim danom sve više nas pjesme piše.
Jednog dana ćemo i to - svi u ruke sveske i olovke.

Ni jednu tako nisam napisao.
Zato mijenjam na lap - topu sedmu tastaturu.
Žao mi se rastati od njega.
naškrabao zam zaista stihova i stihova,
nikad stao nije dana.
Što radi posla - što
radi moga pisanja.
Hvala ti Bože na svemu,
i tako ja vjerujem u tu priču.
Nije mi od obijesa.

## lop ata

Jedino što sam mu popravljao
jednom tastaturu, ovo ostalo – picikato.
Moram zamijeniti kucalo,
skupio sam kintu za novo računalo,
na njemu ću pisati pjesme,
žao mi se rastati od starog...
Nikad me nije izdao,
jest da je koštao najmanje od svih _
u trgovini kompijutera.
Marke JE _ acer.
Ventilator mu ko u fapa,
samo visko nije na živu,
nego na moje otkucaje.
Sluša mi dušu,
isto kao da je ja.
Kako da ga bacim u otpad?
Ni neću, ostaviću ga pored
novajlije – za rezerve!!!

## Mac mac

Đeljam krst... zezam se, i love techno - opet!!!
Nit' se klanjam, niti prekrižavam –
posebno ne – na ovaj moderan način,
najbolje to _ pa da učestvujem u
isusoVom raspeću
Ujedini se Balkanče, na svakom nivou,
višeta po zlu nemoj – ko Boga te ljubim...
Mo''š nazvat' _ nova religija,
vjeruje u pun stomak.
Glas – vreća koncetrata za piliće.
Onda i njih pocmokamo
sa kumpijerima
Privreda oživljava, i to nasuprot
političkom sunovratu. A i koji
će nam đavo to sranje
Muhamed i Isus
će svejedno sići sa neba _ zagrljeni.
Jesu ga onda – mnogi nadrljali.
posebno ko' nas - kokuće.
Tu smo negdje, prag
dvadeset i prvog vijeka
uveliko nagažen, pa
se sjetim toga lika
po kojem se ovo novije
vrijeme otkucava.
Ubili božijeg sina?!
Wow... kakvi
svemirski izrodi,
Najgori smo od sve djece!!!
Dokaz da se može – jučer vidjeh u susjednom
gradu do moga – Tešnju, da mi ne bi
te braće, osta moja firma bez posla.
Međutim, dao ih sam svevišnji
da nas sve na tom polju u nebesa vinu.
Prže istinu tako
što vjeruju bruderu Muhamedu,
daju mi dio arbajta
iako sam kao malen pripisan
Hrišćanstvu.

E to će da cvjeta ubrzo
na našem brdu.
Najljepše cvijeće
od svih cvijeća božijih,
što ikad nikoše u
njegovoj bašti.
Premali smo da se
zanimamo nečim,
Nismo - kad se ujedinimo
po dobru.
Za deset godina na ovim prostorima
će biti plac trista kvadrata – četiri truMhova carstva.
Naglo će i kod nas sve poskupiti,
otiće u k'rc, i opet penzija.
Pa penzioner jadan prevrće po kontejneru.
Nema gladnih, javite se tu odmah
do nas – fali im radne snage, i to
podobro, moramo prehraniti
stare i nejačke, pusti ove
što nas vode do slobode,
i njima će biti oprošteno.
Cijena rada sama od sebe raste.
Ne može je spriječiti nijedna sila,
padaju dole ti što materiju –
samo za život imaju.
Bez duše _ neja nikud' dalje.
Dobro jutro svima želim.
19. 03. 2017.
Ovu bi ako može
za spomenika, i da,
u goste za sprovoda
mi ne dovodite
popa, iliti hodžu
koji opijelo naplaćuju.
Znači – za dž,
može.
Opleti, after
u domu omladine
moga rodnog sela -
Rastuše.
Nadomak Teslića.

Još malo u njemu
neće niko ostati.
Jest malo otoje mauna,
nego će Balkan
cijeli postati
domovina mnogo
dobrih ljudi.
Griješili smo svi odreda,
ajde malo da se zezamo
sa učenjem.
Ne radi se to samo
iz knjiga.
Mada sam ja bio priredio i priču,
mogu i nju prvu, ako hoćete.
Stvoriće se od sebe sama, i opet _ ponavljam –
BALKANSKA UNIJA.
Jevropa i Omerika joj
neće biti _ ni do petnih žila.
Da, mnogo mnogo niže i od toga.
Koža na tabanima.
Tačnije – MORAVAC KRAJ USORE.
Skakutao sam sa omladinom i prošlo ljeto,
i ovo ću – samo ako onaj odozgora _ dadne.
Bez droge.
Može vutra, otoje nije to.
Pa opet - opa!!!

## Mamicu nam humanu!!!

Kukuriknu malo lošije
oroz, pa osvanu u supi...
Tu sam negdje,
sredina nedođije
zvane Balkan,
još se u njoj
ubijaju psi,
nije ni čudo onda
što se svinji
i ovci čim se rodi
kači na leđa natpis –
zaklan _ kad tad.
Koljemo telad,
krave, junce, volove,
činimo sopstveni jad,
i to sto procentov,
podnosimo od svoje
ruke bolove.
Tačnije – živi se raspadamo,
zbog radi...?
Bože - od ljenosti,
eto zbog čega
nam je ovako
kako jeste.
Ničim ljudski rod nije
pogriješio kao sa pomaganjem...
Barem ovim njegovim sadašnjim,
ili se ja ne raumijem u te baje.
Moram reći istinu jer je znam.
jednog dana pored što će pisati
svako poeziju – neće niko više
jesti leševe ljubimaca.
Od toga nam je sve kako
nevalja, pa ja pa ja,
stidićemo se u bašči:
štala, svinjaca
i kokošinjaca.
A to da smo ubijali pse,
e tega ćemo se braćo i sestre

Balkanci – ponajviše sramotiti.
Da ne bude providno ---
sram nas bilo.
Htio sam pjesmi dati ime
toga i tega,
jbg, možda neko
zbog naslova prejaši
preko i tooga i teega,
osvanuše mrtvi na prtini snijega.
Ne dozvolimo da se više ponovi Zenica.
Potrovali su nejač Božiju.
Nemojte mi onda govoriti kako nas karaju Milorad i Bakir,
mislim da mi nismo ništa bolji od njih.
Zapravo - da ne dužim.
Isti sam ko i oni što su
pobili te jadnike zeničkih sokaka.
Nikakva razlika od Teslića,
i mi smo svoje do jučer kokali
metkeem u čelo.
Zezam se --- metkom.
Ovi - kao da budu humaniji -
potrovali ih.
Bogme, nije da se svetim,
jer i ja ću zbog svojih nebuloza
da ispaštam... Kako
ćete vi što te potušište
na Balkanu, ne znam -?
stiže nas kletva djedova.
Nije frka što smo se tada ponosili lovom,
dajte već jednom da zaista postanemo
svjesna bića.
Možemo, jašta, samo se trebamo prebaciti
na drugi vid ishrane osim mesnih prerađevina.
Nije da sad tako - odmah mora svako,
međutim, jednog
dana to i poezija -
biće svačija istina.

## Maratonci ne trče nikakve krugove

Da se zatefteri, ovu su zemlju gradili i pjesnici...
Made in China ---- sin moj kaže meni,
neću nigdje odavde da idem, u sebi mislim,
takvog sam trebao nasljednika.
To da nam je krvna slika dobra samo
ako se dočepamo stranih papira,
znaju oni koji prođu kroz takve patnje.
I na kraju rijetki prihvate tuđinu,
kao svoju grudu, da ne bude kako
se ne može, to bi bilo isto
ograničeno razmišljanje.
Od „Borja" imamo još malo groblje...
Borac Niko,
dobija ove godine za odlazak u penziju, od metra kineski sat,
i to plastični, ja ja brale moj Destilacija je to.
Basket – kafe Tri Grobića
Djece mi moje,
ćale bi mi osjekao ruku
da zna kako sam negdje npr
plastičnu flašu u rijeku, ili npr
ne daj Bože u šumu _ bacio
Rade Šargija _ načelniče Teslića,
molim za ovog gospodina da se
dodijeli doživotno primanje kao
najsposobnijem komunalcu
mista na Usori.
Kupi brale moj za nama sve
što nađe – dobar dio citiya u
kojem živimo i ja i on i mnogi drugi –
smatra da je on malo ko i ja i svi ostali -
u glavu retardiran.
A nije onaj što ita otpatke za sobom,
isto tako gura nemilice - moj Jesenjine,
u bujicu male cuke
Vedrog me čini tuga,
koristim je kao gorivo
za radovanje...
Čemu se Željko dragi
veseliš, kad vidiš

da u prćiji gdje živiš
ne možeš proći od smeća?
U pravu si ti što
iz mene zboriš sa takvim
pitanjem, međutim,
ja mislim da ipak mogu
spasiti svijet od propasti.
Ma kako ćeš to Topreče izvesti?
Mijenjam sebe, zviždim
dok nosim pune džake
nakupljenog otpada
po ulici _ do kontejnera,
onda kad oluja kraja
našeg krene da nosi
sve u tri p m,
pitaće se u koga
bješe vjera...
Ništa upitnik,
on je moja prošlost,
radujem se svakom danu,
znam vrlo dobro da će
jednog - cjelokupni ja,
što se tiče tijela –
na neku cestu koja vodi
nigdje _ mrtav pasti.
Duša ide dalje,
ona bit što jeeee seee
pitala zašto postoji,
nebu hita,
budućim naraštajima ostavljamo
takav haos, ne znamo
odložiti gdje treba smeće –
Ma jok to i osmi mart, i takve baje,
žene svemira sretan svima,
nego lakrdija
baca drito u rijeku.
Onda ona nosi opet sve u tri p m,
jedno po jedno lijepo
zapisujem u teku.
Cici mici – stiže
na Zemlju nova Biblija.

sveta knjiga je u nama,
čitajmo je.
Nije se još rodio taj koji ne može
voljeti – dovoljno je samo da proba,
stvar istog momenta _ svršena!!!
Najgori smo od sve djece,
kino svake tri godine,
po koja humanitarna,
dva mjeseca prije izbora sve se ori,
kao da baš niko od nas ne zna ništa.
Ma jok to breeeee,
oni se ponose time kako su nesposobni.
Znači, nije da nas to naše politike
svake godine vuče u propast,
nego nam za to uzimaju
crno ispod nokta.
Ma jok, jesi i glup Topreke Željko,
oni će reći da je tebe privukla
tamonekaaaaaaa _sekta.
Izazivam na dvoboj gradskog
kauboja i trenera košarkaša našeg grada,
da se nađemo na semaforu.
Jedno jutro dok malo ugrije.
Da, baš to, volim što sam ostao ovdje da žvim,
Andrej mi je nedavno rekao –
tu se nekako osjećam slobodno.
I ja care,
ajmo mi to za ruke -
izvesti na pravi put.
Poslije sastanka _
tri hajduka
dolaze na sjednicu
skupštine – općine!!!
Da mi vidimo je l' znate
duvati travu?
Pzda vam strinina
kljakava.
Izađi na trg i reci nema
dalje nikuda dok ne očistimo nered.
Za to smo te birali!
A ne samo da se škljoca

aparatom – ko se gdje parkirao.
Još jednom ko me slika,
i to kraj Faraona
gdje kamiondžijska ekipa
ždere prvu jutarnju kavu _
daću mu za uzvrat istu
njihovog službenika -
jako uparkiranog poprijeko
na cesti.
Vrati se ti Željune pjesmi
biće ti pametnije,
a i mnogo sigurnije.
Jeste da, kad bi' se ja nekoga _
osim Boga bojao!!!
Kako vas nije sramota,
ko fol slavimo dan žena,
kad ono sve rade, i to u mnogim firmama
do kasnih sati, i da stignu negdje izaći –
čime će, neće od plate _
malo ispod 200 eura?!!!

## Meditacija _ ulica - Branka Ćopića

Evo me i jutros da napišem Bogu poruku,
neke šaljem preko vibera, neke preko sms a
i mesindžera, kraj nogu mi hrče jedna kera,
ima ih u naselju napuštenih zadnjih godina
sigurno pedesetak.
Samo dolaze i odlaze. Nešto kao _
porastao rejting naše opštine
u istočnoj Jevropi, izgleda da se
ne računa to što ja iz svog padže
hranim ostavljene jadnike,
nego kao to sve čini načelnik,
i ti _ što s' njime žmire.
Jarane, jedan dan dođi na dim, da ti ja
objasnim kako prdiš u diple.
Rijeke okićene k'o novogodišnje
jelke, pa kad nam u goste mister
Ivanić dođe, parkira se sa limuzinama
na trotoaru.
Možeš to pričati običnoj buraniji _
stvari idu na dobro -meni ne.
Iš'o sam ja teke dalje od Dobuja.
Znači, izađi na trg, otvori svaku temu javno,
nema ići ni jednom Teslićanu kući –
dok barem probleme napuštenih ljubimaca
i pobacanog otpada _ ne riješimo.
Pusti ti mene, ja odavno na
leđa prtim džak, pa pokupim
otpad u obližnjem sokaku,
sitim i pojim pasa – punu
baraku. Ma kakvi toje,
kaže se _ Topreče malkice pukao.
Jesam, i drago mi je
što nisam normalan,
pa da bacam smeće pokraj ceste,
i kerče napustim.
Volim Pupi, isto kao
i svoju djecu.
Jer ako njoj nanesem
nekog zla, automatski

sam i unučadima zadao udarac.
Pomislite li šta će nam reći
buduća pokoljena, ili se
ništa ne pitate –
ko krme pod sjekirom živite?
Ne brigajte, serem i ja,
isto sam tako bio u zabludi,
kad sam se osvijestio
bilo me sramota.
Međutim, nikad nisam bacio
papirić tamo gdje ne treba.
Od smeća bi mogli
živjeti ko carevi –
ali, mi ni to ne znamo,
Nego se grijemo na nevino drvo.
Samo neka nije na naš račun.
Ma pusti me priče o privredi,
posebno o toj gdje radnik radi
za 380 maraka. Ja, ali one
su Željune konvertomski stabilne,
iliti kurtonski, k'o što je ostatak
i opet Jevrope.
I to ne kontam za kakvom
tom i opet i opet
Jevropom idemo,
zar nemamo mi kod svoje kuće _
blagostanje?!
Dovoljno je da pokupimo
papire, i prihvatimo odbačene.
onda slijedi vege, onda tek uživanje.
Čujemo se i sutra
svevišnji, naravno
ako me zadržiš
u koži piskarala, uveliko sa Barića,
ako ne _ onda na neki drugi način!
Dotad, uživam u neredu... najtačnije rečeno.
Rupe u asfaltu _ do koljena.
Al' ni to nije više briga,
sad će zakrpe.

**Melanija – zvijer se otrgla sa lanca.**

Za neke stvari već je isuviše kasno,
za neke prerano - gledajući kako
živimo sa ulogom ljudske rase _
barem tri vijeka.
Govorio jednom Isus – ljubav.
Prošlo ih dvadeset punih –
i danas bi ga razapeli.
Nije da mi se to čini, nego
znam, vidjevši Donalda
sa čuperkom riđe _
spoznao sam đavla.
Nema sile da nam se dobro piše,
jer isuviše je za neke poteze kasno,
zato sam poranio sa pričom –
siće na Zemlju još
jedan _ koji će da vaskrsne.
Onda se više niko neće bojati
smrti, pa ti Trumpe
opali raketu svojoj dragoj –
među noge.
Ili su te stigle nemogle -
izdrkavaš se po nejači.
Znači, dođi sa meenom
na megdan.
Da te sredim kako
Bog zapovijeda _
ne treba mi atomska.
Mala tvoja – biće moja,
samo da se ofarbam _
u boju narandže.

## Mrka kapa

... sve po spisku!!!
Neka baci kamen na mene ko nije pogriješio nikad - ja ću na njega
hljebom. Mi ne znamo oprostiti sebi, amoli nekom drugom, onda bi oni
kao nešto da opraštaju. Bauljamo svi zajedno zbog mnogo opsežnije
priče. Umjetnost je jedan od načina kako možemo dalje, isto to važi i za
bavljenje nekom granom privrede, pa i poljoprivrede, kol'ko stignem –
uteknem i u baštu, tamo sadim paprike, čekam da iz ništa – nešto
nikne, isto tako vjerujem u pjesmu. Sad, da li ćeš pogubiti živce
pjesnačenjem, odvisi od toga šta si spreman zaboraviti, pa i najgore od
svega što je bilo. Dosta mi je toga dijela pamćenja, želim svima dobro.
Što je teško - da se ne mora _
STARA RASTUŠKA POSLOVICA,
JEDNOM JE NAŠ NEKI VLADAR DAO
TE PREDJELE UGARSKOM
ISTOM PAJDI, AKO ME SJEĆANJE
NAJBOLJE SLUŽI –
ZA RUKU STRANJSKE ĆERKE,
LOLA SE ZALJUBIO,
KO ŠIŠA OSTALU NEJAČ
ŠTO JU VIHOR RATA PROGUTA _
NIKAD MRAVA ZGAZILA
Hali Gali nastupa u Čečavi na zboru,
tu ti se skupe sva okolna sela,
opletu šargiju, pa lijepo do zore igraju
i pjevaju. To su ono da se kaže
naši korijeni, volim priču
složan Balkan
više nego sebe, valja to
izdurati jarane
do kraja.
Protektuše, a ćelstonke,
ima im trideset godina,
na takvim sam se zaista
dugo godina vozio.
Šta sebe tako?
U ta ista kola svoju djecu
trpao, nema gdje nisam stigao,
donio svima živu glavu.
Šta sad, da ti zahvaljujemo?

Ne, nego da se izljubimo
bratski i sestrinski,
mora se i danas ići na delo,
neja veze što je nedjelja,
ne spominju nikom priču
više ni hodže ni popovi.
Šute, i broje mani,
mi smo Rastušani takvi,
igrat pjevat znamo
žita ne kopamo,
a kad jesen dođe,
odamo po selu
i tučemo žene,
ništa dunje žute
i te baje.
To ti u moje djetinstvo
bijaše mnogo popularno,
većinom su ti bili i najzadrtiji
kad je u pitanju bilo prolivanje krvi.
Jervokareka, teško potežeš ruku na jačeg,
iako ti se pruža prilika da na
čunu nabiješ nobelovu.
Ma kakvi, tu priliku ne propuštam.
Michelin? ma jok – Tigar,
volim stranjsko ko i domaće.
za zime uzimam gume koliko mi
kartica iz zida dozvoli,
šetam kuče – i uživam.
Pokušaću dokazati cijelom svijetu
kako nam ne treba sreća,
tačnije, ništa – imamo sve.
In memoriam – nikad više
na ovom našem brdu da bude rata.
Kome se puca – neka puca na sebe.
Grijeh je i tad očigledan –
nikog ne smijemo ubiti –
dok otoje naučimo,
naučićemo i voljeti _
ne znamo mi to,
i jbg --- lako priča
ode u sunovrat

Nema veze što se osjećate da nekom
pripadate, to se vrlo lako nauči,
posebno na Balkanu, ako
se samo otpočmmme svakog voljeti...
Tako je moja baka
imala za običaj _ reći!
Dodajem unucima
za sjećanje – živjela
SLOBODA,
Uvijek cijela riječ
velikim slovima,
odsad nadalje i
ubudeće biće i moja
BAKA.
Ponosan sam što sam
je imao kao unuk.
Ne dozvolimo da se naši
nas sramote.
Ja se tebra zaista stidim toga
na Balkanu, dvadesetog vijeka,
negdje pri samom kraju.
Proklela nas majka koji
smo morali u rat devedesetih,
raspadom Jugoslavije.
Nije ni ona valjala!
Nabijem i vas i tu priču,
što niste išli praviti bolju,
a ne sedamdeset
osam puta - goru?
Znam sad, niste znali,
za dobrobit svih
živih stvorova na ovoj
našoj predivnoj planeti –
šeperam poeziju!
Znači, ako ne znaš –
pitaš, da bezveze ne skitaš
ko što to radi _ il' ne radi,
zavisi kakvu je bonu pojeo
ljudski rod.
I danas dani, neću
više spominjati

prošlost, idem da živim
u sada – zaista mi se
dimi džoint za budućnost.
Inače sam na tržištu zajedno sa desetak kolega
u ekipi, bavimo se transportom roba u međunarodnom
drumskom saobraćaju, pet je godina kako smo predali
zahtjev za licencu, još je kod nas u „Bosni" nismo dobili,
jbo nas ćaća debilaste _
što to trpimo, svejedno ćemo jednom klonuti.
sjedi dole Gavrilo,
Danas si malo pametniji nego jučer,
karaj im kevu kroz stih.
Znači, rek'o sam, kome se puca,
odmah nek uperi sebi na čelo,
te apsi milicija, a ne one što
se bodu travom.
Ja se ne trebam drogirati da politici današnjice
kažem u facu – nejate pojma o pojmu, odite
samo po jedan papir u Sloveniju,
pa ćete da vidite da se isti ovaj
što mene muči doma, dobije za dvadeset
četiri časa.
Pališ kemion, i u bijeli svijet.
Mnogo volim taj zanat, jer da nisam
ga radio, nikad ne bih znao kako je
u kabini na minus dvadeset jedan – bez vebe,
nema se, zima je, ti se griješ
jaknom i ćebencetom, jer ako
odneseš od kuće, pomrzoše se klinci.
Kažu kako se mnogo vole unuci,
i da ta priča nadilazi granice,
ne znam, znam da je
ona mene i više od toga voljela,
zato i hoću da prenesem
na sledeće koljeno
slovo naškrabano.
Tačnije, ne ja,
nego Bog i BAKA.
Ja sam im samo kucalo
na izanđijanom
računalu.

Radim svaku dobronamjernu
aktivnost koja me dovede
u poziciju da mogu pisati,
griješio kao i svi što griješište,
iz neznanja, i u njemu ništa,
isti smo kakva nam
je politika, mi smo ih birali
tako što smo šutili.
EtO neću na glasanje, mame vam ga nabijem.
Da glasam za gore od sebe, a znam kakav sam ja?!
Neja šanse, ali kad se pojave prave face – hoću,
hvala dragom Bogu, stižu mladi.
Kao što volim poeziju _
ne mogu se odreći korijena,
pa i ne moraš Balkanče,
to ti čitavo vrijeme trubim.
GaS, gAs!!!
Severina, češkanje jajaca,
i te baje.
Care, nema odakle nas nema,
kurlijamo kraj Munchena,
pristali bi i da smo unuci
brkatog čike, samo da dobijemo
njemačke papire.
Ode sve, ne znam šta čekam ja?
Znadem, meni moj sin kaže kako
najviše od svih područja na ovoj planeti
voli živjeti baš u Tesliću.
Znači, kapa dole – mladima
koji ostaju.
Ne zamjerim nikome ko je otišao,
jer i ja sam na neki način,
još malo, pa otišao na živce trubeći,
tako treba, ne treba pomjerati
silom stanovništa u druga staništa,
vidiš da se više niko ne snalazi,
nije da hoće da sjebu
cijelu priču, nego ti što
vode ka pucanju nemaju
tri čiste u glavi.
Nisu mi to traume ratne,

niti iz djetinjstva,
kroz roditeljske i
učiteljske šake,
prolazila je
istina mnogih nas.
Spas?
Za spas treba zaista tako malo,
a to je ljubav,
volimo se,
i kad nismo
svjesni da nemamo
pojma šta nas sutra
čeka.
Ako nastavimo putevima
kojim nas svađaju oko međa,
najbolje da
ni ne nastavljamo.
Da baš to, onda trebamo mrijeti,
prešutjeli svima istinu.
Jak mi je to izbor,
ili ti je u rat -
ili će ti vojna milicija
odbiti bubrege.
Tako je bilo sa moje
strane jada kome
sam morao
prisustvovati,
Inače bi drugačije –
svejedno poludio.
Nisam htio nikog
ubiti, uzeo u ruke
tandžaru, pa u rov,
za četiri godine sam
ih uzgubio sedam,
gdje spustim, tu
i ostane, pa kad
zapuca odnekuda
sa svih strana _
mašem kišobranom
čovjeku bez noge,
oko nas magla,

nismo drogirani.
Horor uživo.
Moraš se tresti kad pomisliš
da ti idioti mogu
tako dijete odvesti
u vihor mržnje.
More, da mi se manete
svi te priče,
Neću više niko da spomene
te što su pali, jer pašće nam
mnogi unuci zbog nepotrebnog
sjećanja na sve prošle nedaće.
Budimo pametniji
od majke i ćaće,
nisu znali bolje,
a i da jesu,
nisi ti ni u bivšoj državi smio reći
Titu ništa, danas po Dodiku svrašava svako.
Zaprtio se nečim, a čime – nema pojma.
Dobro je, dok je takvih
znam da sam normalan,
jer kad nestane,
onda ako ima kakvih problema –
do mene je,
prezupčio.
A ne do tih što ne brinu o svojim kućnim ljubimcima,
nego ih donesu meni na vrata.
Opština ima svojih problema oko priprema za asfaltiranje sela
u kojima im jako, pa niko ne živi.
Onda kad više ne bude snijega,
vidi se pravo naša humka,
tad' više nema ovoga, nego sasvim nešto drugo.
Šta mislite kakve je sve grijehe na sebe preuzeo
Isus tih dana kad su ga nagrađeni spasom – ubili?!
Da, baš to bi trebalo da kaže
naše vrlo Hrišćanstvo,
ne smiješ nikog mrziti.
Isto tako i onaj što vjeruje u Islam, i onaj
koji u ništa ne vjeruje, istom stadu
pripadaju – svi smo barem
po jednom slični –

grešni do zadnjeg.
Buđenje ranog proljeća,
blagi bol u kuku, da li je od
sjedeža u kolima, osjetim da sam sa njima u braku
skoro cijelu deceniju, jedva dvije godine, mimo sve priče o
pisanju i upravljanju teškim mašinama, stigo sam napraviti
sa njima sto hiljada kilometara.
Po ovim našim rupama ---
mnogo je!!!
Vratite nam „Ćiru" Austrougari,
ma kakvi, nisu ga oni odvezli,
mi smo lokomotive od bivše Juge
prodali u staro gvožđe - time
i tom pričom što smo umjesto ašova
u ruke - upregnuli tenkove.
Fu brale moj, kakvo ludilo,
znam šta sam sve u životu činio i zgriješio,
svima sve opraštam – meni ne mora niko.
E jesi i faca u tri lijepe,...
Ma kakvi, jado jadni odam sa zahtjevom u džepu,
onda kad se Slovenci hoće odvojiti,
neko nam kriv što se i mi nismo
znali razdvojiti ko ljudi.
Ima pravo svako da ne pripada nikome i ničemu
ako tako ne misli zlo drugome, onda ću još dodati za kraj _
pripadam toru, ali ispod _ BALKANSKOM _ nejamo stvarno šta pričat'!!!

## Muuuuu

Jecao bih, ali me sram životinja...
Moj lijepi Bože – ja kako je njima,
smrt fašizmu – sloboda svima.
Tek onda će vječni mir da zavlada.
Do tih vremena – gorjet' nam
je u paklu _ za svako ubijeno
živinče... kako znaš Topreče?
Čuj kako, vidiš da sam
pocrnio od nemoći
da pomognem svima _
ki ugarak.
Razumijem sve Balkanske
jezike, tačnije,
pričaj kako hoćeš
kad osvaneš
na njemu vege.
Bez straha da ću posegnuti
za nožem.
Ne,
neću ni preko drugoga.
što se mene lično tiče,
ukiinite klaonice.
Čuvaj se ovaj puta
Isuse – mesne industrije.
Daj, nije valjda da neko
zamjeri što pišem
pjesmice...?
Nastale razvlačenjem
duše, produkt –
ništa od moje kravice.
Vesela na litri -
tetra paka - mlijeka,
zaklano joj četvero
djece...i troje unučadi.

## Najeosecrnogluka

Češanje pupka dugim
noktom sa malog prsta
Ajde mala da pravimo lom,
što da ne – Šabane,
sijmo krompir,
i za deset godina biće
bolje, samo se
braćo i sestre – Balkanci,
man'te trač partije i fuKa!!!

**Najjača grana privrede u BiH _ CARINSKI TERMINAL!!!**

Surutka je kravlja muka – sedmi krug pakla.
Rodi dijete zbog toga, onda joj ga na njene
oči zakolju. Nema to dodira _
sa voljenjem
Ljubav je složenija igra od
one koju mi kao što velimo –
svaki dan zapomećemo,
brkamo je sa dosta toga.
Čim pojedeš odojka
poslije posta – ko da
si non – stop mrsio.
Napisao sam tebi dosta pjesama,
ko zna gdje si i kako si,
pa neka ti se nađu pri ruci
kad zagusti,
moja duša još uvijek luta _ sama,
nikako da film sa nesretnim
završetkom iz grudi ispusti.
Sve misli, sad će sreća
bez kraja...
A takva ne postoji.
Nego ona, mnoge jevte
bez mesa, osim jadnika
u'aćenih u vodi, ori se iz hrama
božijeg đavolja pjesma,
mi smo ti postali – vojska
paćenika.
I to brale moj – nedojebanih.

## Nedjeljna molitva _ popodnevna

Man'te mi se te priče _ da ne vjerujem u Boga... nema to veze
sa čestim posjećivanjem crkve i džamije.
Možda nekad prije jeste,
danas ako nemaš da daruješ za kupovinu novog audija -
preosvećenom svještenstvu – bolje da si svratio u klozet – na dobro
sranje.
Niti se krstim, niti klanjam – neobično za jednog stanovnika Balkana.
Ma kakvi toje, nije meni tako – nego sredini koja me okružuje.
Hoće da me ubijede – kako je kićenje popova i hodža _ svevišnjem
drago.

**Nerast**

Jesam, ja sam taj,
a koji sam –
nemam pojma,
neki što čeka
kao i svako – konec,
vraća se duša na
kraju kući...
Čija? pa od toga
što ju je nosio
kroz staze trnja,
ne smeta što je
izgrebana,
smeta _ ako kuka.
E taj sam ja,
nikad', pa ni kada
sa neba _ sikira pada.
Direkt u glavu će,
bježi.
Kuda? kad će svjedno
jedna da me derne.
Kao svinjče pred klanje.
Pa se oni što ga čereče
na ražanj – prekrste.
Nazdrave po gutljaj
vatrene vode.
Obližu poslije zločina
prste _ ni ne slute
kakvom paklu gone.

**Nokia 3310**

Ostale su tipke od tvog' telefona - kod mene na klaviru,
iznajmio sobičak, on u njemu, gazda nije imao kuda
da ga smjesti. Na njemu isto televizor, neko na ovoga nekad
gledao vijesti iz zemlje. Mahale gliste nebu _
biće kiše, ili nas _ biti neće...
Poruka ti stiže od njega – čekam te na busu!
A on u imeniku – rodica Ruža!
Nogama ga gazio –
sada bih rado vrijeme vratio - odgovorio _ stižem!!!

## Obatalio mi se tetris

Vječnaja pamet u vugla, eto koji je nama problem.
I šta onda kad pokupimo svo zlato svijeta,
posložimo pare na kamare, nabacimo
fasade na domove, hoćemo li onda
biti sretni?
To ti dođe isto kao
pisanje, a očekivanje od jada duše
da bude neki uspjeh.
Desi se to da tijelo umre _
eto šta biva.
Možeš biti uspješan
koliko god ti duša
želi – ljudski soju,
sa sobom na nebesa
ne nosiš _ ništa.
Kupaće gaće – pet 'iljada eura.
Kupaš se u njima,
ne budu mokre.
Znači...
Nije pogrešan novac,
niti te boje što okreče
dom našeg postojanja,
nego da ih ne koristimo
u razvratne svrhe.
Dva lava od gline –
reže na ulazu.
Onda popu daš dvije
stoje za opijela,
ako nemaš, skidaš
sa sebe mrtva _
i opet gaće,
samo što ne moraju
tada biti za u mora,
rijeke – ili jezera _
mogu i za rake.

## ORA

Možda jeste tako, ili je
ovako, pa onda to prvo
otpada, ostaje ovo drugo,
ko će ga znati, bitno
je da je nekako,
piči ćiro prugom...
Brčko – Banovići,
to je naša meta,
izgraditi istu _
još ovoga ljeta.
Daj ne lupetaj,
vidiš da je napolju 'ladno.
Za sam da se ponovee
uvede vojni rok,
al' ne brale sa puškama,
nego vojska sa
motikama – neka sije krompir.
Prije pruge imamo dane sjetve,
onda kad pištaljka u Banovićima
drekne, neka se znade da je
stigla grdosija iz Brčkog.
Ni on više nije kao što je bio.
sad je...
Distrikt Brčko – Banovići,
to je naša meta,
kad upozna ljubav,
Balkan _ biće
centar svijeta!!!

**Ovu sam napisao _ dok sam još vozio kamion...**
Poslije u pod --- odrezao gaščinu!!!

Bog postoji... ne vjerujem, nego znam.
Ne kontam one što pate za kao nekim
ljubavima, da je moglo da traje –
trajalo bi!
Od nas dvoje zajedno
osta razdvojeno isto toliko,
bili smo kao _ jedno,
baš sam je puno volio.
Ona mene?
Nisam se to nikada pitao,
osim kad me minut
ne poljubi.
Hvala tom nekom
prošlom vremenu,
nije davalo prostora
za glupa zapitkivanja –
ni sa jedne _
niti druge strane!
Onda je to sve tako -
moćno za odslušati -
moralo da stane...
Ko ga šiša jednom se voli.
Glupost neviđena – voljeti možeš
svakoga sekunda – nešto drugo.
tOO se zove --- sloboda!!!
Nema boljeg osjećaja od
te igračke – cmakanje između
dva tijela i u njima isto toliko duša
je misao sa tri tačke...
Čekaš kad će da
prestane – onda moraš
biti godinama tužan.
Rob da budem –
samo sam dužan Bogu,
bez svakog živjeti mogu.
Šta da moram?
a i svejedno
sam dumao tako, svi oko

mene poznati i prisni –
ja i za sebe veoma
dalek stranac.
Osjećaj isti –
kao kad bi' je onomad
dok sam ovo šarao - sreo na ulici,
a ne poljubio.
Strahovao bi' da se ne zapita –
volim li je još uvijek?!

## P IO M IO – zavod

Nema krize, zasijao sam baštu... jedva čekam penziju, pa ako Bog da - da je doživim, svaki dan provodiću u njoj. Ne moraš se Topreče puno moliti tom danu, svjedno ćeš morati motiku u ruke _ jer od sto eura mjesečno ne preživljava ni pas.
Odnio je vjetar mladost,
osjećam kako kosti posustaju,
pa umjesto da uživam radost
dječačkih dana, misli
srednjih godina - o njima
maštaju.
Nije to rješenje,
može life biti
kvalitetan i kad imaš
na broju preko četrdeset...
Šta da se sjećamo prošlih
života? - Ne bi nam smetalo
da zaigramo lopte _ ni devedeset,
a kamoli napisati mnogaje pjesme.
Onda sam ovu odlučio u strofama,
razdvojiću mladost od starosti,
život tkan psiho – borbama,
ostariš, samo se sjećaš
mladosti
Uopšte ne živiš.

Idemo dalje, na noge lagane,
podmaz'o sam zglobove mašćugom,
htio bi' Supermen da postanem,
mlatim političare po vugla _ iz kamiona
polugom.
Onda sam odlučio i to, iako
je u strofama, pisaću stihove,
kupiti smeće, raditi sve da
prehranim nejač.
Pa pored sebe i dječurlije koja
još ne vjeruje u okrutnost
života – kao cjeline, hranim
i napuštene cuke.
Onda to neko veli, trpaj bagru u azile,

ako niko po njih ne dođe za mjesec dana _
pogubi.
Međutim, kako sam stariji, delam na mudriji način,
neću nikoga optuživati. Probaću objasniti
zašto pod hitno moramo prestati
jesti leševe onih koji su do jučer
nosili duše.
Pa ko ubije bilo kojeg, svrstava se u zločince.
To ne treba, jer sam i ja jedan od mnogih,
do jučer sam perlijao po mesu kao
da se svetim ručku, a ne _ uživam u njemu.
Ispaštam, dašta, krikovi postaju nepodnošljivi,
samo ako se sjetim kako trpam na ražanj –
jagnje ili prase.
U pripremi su insekti, puni bjelančevina,
ili nekog drugog govneta, šta ti ja znam,
a i ne razumijem se u mnoge ljudske rabote.
Onda neko kaže, nisam ih ja ubijao.
nisi, mada jesi kao i ja – čim si ih jeo.
Mislim, znao sam ja ovo i od malih nogu,
nego ako starcima kažeš da nećeš jesti
pijetla za ručak – završiš sutradan
na psihijatriji.
Šta će nam drugi krvnici,
sebi i svojoj djeci ubijanjem
jadnika samo da bi natrpali
na lakši način guzice – najveći smo.
Da se prehranimo bez mesa
treba žuljeve pripremiti,
ovako žuljamo da prehranimo
ratne rezerve.
Onda kad od našeg ludila
opali puška, škljocaju
po rovovima konzerve
Raznorazne!!!
Samo što nemaš od mačke.
Laž, sjetite se Ikara,
najpožderanije
prilikom sukoba
kad se raspadala Juga.
Nema ko ne zna za

upakovanog
mačka, i to istom utušen
početkom veljače.
Dernemo nerasta, onda mu izvadimo muda
nabijemo pod rebra, tako pečeni
sa njime na tihoj vatri – specijalitet kuće.
Jeste, da, prisustvovao sam obredu kad
se jedu testisi od svinje.
Držao sam u ustima zalogaj sve do vc a,
kad sam zatvorio vrata za sobom –
dušu svoju i njegovu _ povratio.
Tad' sam sebi rekao,
skidaš se sa mesožderstva, il'
te Željkačo – neće biti.
Jednog dana neće.
međutim, ustaću,
čisto da pokažem
kako se sve ne završava _
sa smrću.
Odozgora gleda krmak
istom stasao za neku prasicu,
jedemo mu za predigru – jaja.

## Pakao live

Era interneta, na Balkanu medo nosi poštu,
samo da nije preko naših leđa, sve ćemo
za te blagodati – mi ljudi uraditi.
Neka je hrane i igara,
nije bitno što za to
milijarde životinja iz
dana u dan strada.
Odjavljivanje, čujemo se sutra,
naravno – ako budem živ,
ako ne – onda se vi
koji ostajete – čujte,
makar viberom
Bog se javi i danas, isto ko i jučer,
i dan sljedeći,
samo se ti sebe uhvati, pa ćeš da vidiš
brale moj šta to znači riječ – spas,
a ne da zbog ljudi - jako, pa skoro
svaki živi stvor na ovoj
divnoj planeti - pati
Daleko negdje iza mnogo gora -
kažu novine da je neko našao
ljubav, pa njome upoznao Boga...
Što moraš ići tako daleko,
kad ti je to sve u tebi?
– Čovječe.
Ne budi goveče,
Onda nam donesite i opet
pečenje, samo ovoga puta
teleće, zasitili smo se
preko praznika _
svinja i ovaca.
Samo za pomen rođenja Isusa
strada ih gomila, neću pričati
priču našeg svakodnevnog
ručka.
Ako nema mesa u njemu –
jebiga tamo.
Onda skočim malo vamo
da budem krava koja

je otelila tog dripca
sa čijim bi mi lešom,
skidali salo.
To mi inače tako radimo
kad postimo, suzdržavamo se
masne hrane, pa onda kad se
omrsimo – vala se omrsimo.
Ja, baš to, koje mrtvo
dobro da nas stigne,
nego da neko
negdje u daljini
jauče... Čovječe.
Ne budi goveče.
Ne prinosi žrtve
za kojekakve svete.
Ne kažem da se
svi odjednom
na insekte prebace,
iako već mnogi
znaju da nam je to jedna
od mogućih opcija –
budućnosti.
Tri kile od buta skakvca,
dodaj za specijalne efekte
krvožderstva – tristo grama
komarčevih krila.
Za ponijeti!!!

**Poezija iz petne žile**

Možemo li zajedno do slobode?!
Možemo, kako ne možemo,
kud znam i kako, niko sam ako
istinu ne kažem svima -
ljubav nam zasigurno donosi raj.
Bez nje život je brrrr, smrzz...
Ma kakvi to, jednom kad
zavoliš – više ne prestaješ.
Ljubim cijeli svemir,
ima ih iljada i tisuća,
eto tako sve od sebe
ponekad – pjesmi
daješ.
Traješ, dok po tebe
ne dođe gospođa u crnom –
moj ti predragi Balkanče.
Ajde da zajedno
izgraviramo od duša
naših jedno ogromno srce
preko ovog prelijepog brda,
pa da k*o ljudi uživamo.
Joj šut, kad se sjetim kako
je životinjama – našeg se
pakla ježim.

**Poparu za Božić!!!**

Poezija ti dođe kao razgovor sa sobom, još ako je naglas, e onda je faza pucanja, što bi rekli kod mene u selu gdje sam odrastao... nije bitno što ja u svom ludilu uživam - neka veli ko šta hoće, projeekaat sreće će na kraju biti ništa drugo, do nesretan - kako god okreneš, nemaš ništa na onaj neki drugi svijet za kojim mi kukumačemo, ponijeti, osim duše. Ma kakvi toje, mi ti se grebemo - samo da za ovoga kao nekog života i bivanja - imamo na bankovnim računima više. Blago stanje se osjeti u porastu sveopšteg ljudskog ludila - kojeg i sam činim... ma kakvi, ni pjesme više ne skupljam, niti ih pišem - nego tako živim... mog'o bi' vako 'iljadu godina, može i tisuću. Ko da je to bitno - ljeb ti poljubim krušni?! To ću sutra - umjesto odojka... nemojte misliti da nekom zamjerim nešto, pa tako bih onda i svojoj djeci - kojima sam i sam pokazao kako jesti leševe ubijenih životinja. Pogriješio jesam, i Bože, iskreno se kajem. Stara kora, so, i voda, do crkavanja bez mesa ostajem. I dalje sam u potrazi za mirom, kojeg dijelom uživam otkad ne trpam u stomak svinju ili ovcu. Znam da za pobijene mojom rukom nema oprosta, barem ako ništa drugo - toga sam svjestan. Svako ih kolje ko ih jede, i sam sam to činio. Jer nas tako naučiše starci naši, od davnina seže naša ljenost razmišljanja dušom, a čustrost kad je u pitanju šopanje stomaka.

## Princip

Ustaj Gavro, ljebac ti poljubim – ma ne moraš, ovi će se sami smaketi,
ugušiće se svjetska politika u vlastititim govnima, naša je već do ušiju –
i to skoro _ cijelog' Balkana
Rodiš se da hodiš slobodan, kad ono _ rob za 200 eura...
Još moraš i glasat' --- za robovlasnika!
Nikada, pa ni tada - kad ništa drugo ne
budem imao jesti – do govna.
Inače ne volim kad mi se koja riječ ponovi u pjesmi.
Nema veze, neka onda bude _ istina.
Niččta poezija, i te baje!!!
Samo _ govna!

**Putin i Anči**

Jedne zime, početkom
februara – padala je takva
kiša, bio sam se pravo
zabrin'o za snijeg,
onda usred ničeg ja
se sjeti tebe,
ko zna gdje si
i sa kime, ne brinem
se više ni za sebe,
kamol '_ hoće li
se zabijeliti brijeg.
Ovo što sam se
sjetio tebe baš
kad u po zime
kiša pada _
to uopšte nema veze
sa djeda mrazom,
nit* sa bjelić snješkom,
umrla je za nas
i zadnja nada.
Ma kakvi, nećemo
Jugoslaviju,
nego pet puta
bolju instituciju,
pun nam je kofer
svima na Balkanu
jada i čemera,
želimo li zaista
našu djecu zdraviju?!
Sjetite se kako to često
roditelji iz najbolje namjere,
pogriješe prema svome čedu,
kako prema svome – tako
i prema tuđem.
Obratno je isto _
ne mogu ja nekom željeti
ružno, sebi se nadati
dobru, zato neka
svačija osvanu sa

pjesmom u sebi.
Jednog dana ćemo
ih svi pisati –
taj je uveliko zakoračio
proljeću.
Mada, biće još ladnih
momenata _ da zakuje kazaljka
polja minusa.
Onda nam stiže - veli vrač
iz Čačka - takvog plusa,
da me uopšte ne čudi
što mi kako starim
sve više pašu
ledeniji dani.
Čika Željko Toprek,
tako me zovu od
moje kćerke drugarice.
Volim ih kao i nju što ljubim _
to ti je ljubav do nebesa.
Od mene njoj,
jedna kroz zid pjesma,
uči sa Pupi u krilu.
Čitaju da nabubaju njih
dvije anatomiju,
pojma nemaju
kakvu istinu furaju.
To su ti anđeli,
kako onda iz nas takve
djece jednog dana
osvanu ljudi zli –
željni rata?!
Mir Božiji,
Isus i Muhamed su
sestre blizanke,
moja ćera i njen
pas - čisti dokaz.
Ponosan, jašta –
na sve nove naraštaje,
šta ih čeka, evo sav
se naježim,
Ko da će prosnježiti...

## Simo – driver!!!

Goni lola šticara iz šume,
oće braco u plavoj majci da
su nove gume, i da nisu kaljave,
a u nas blatnjave asfaltne
ceste, da nisu otee iz
kojih baraba izglibi
Dođite da me vodite u zatvor,
zato što ću vam ovo u brk reći...
Hoću da sam opušten –
ne možeš od bagre!!!
Slušam dok hrče kao mali tenk,
takozvani tenkić – Pupi,
rahat sanak usnila,
propudi se kad
komšija vratima
od kola _ snažno lupi.
Raspala se jako
kao i moja.
Nema veze
mogu poslužiti svrsi,
u nas ti je znak
na novom autu
najglavnija fora,
isto k'o kad čovjek
unazad trči.
Gdje ćeš stići?!
nego odakle si pošao.
Dobro došao,
ako te usput od Doboja
do Modriče - ne ustavi
trideset policijskih
patrola.
Svi 'oće po cenera –
EURA.

**So much...**

I love Balkan,
iliti _ kakvi raja
bez rodnoga kraja
Idemo dalje raja,
znate i sami kako
nema spasenja bez
ljubavi
Rajska vrata otključana, za mnom -
veli slijepi Mujo, dobro prigluvom Slobi.
nije bitno ko je kakvim hendikepom
unazađen da - korača, leti, pliva
i puže, ako je svjestan
sebe kao duše
u tom gibajućem
ručku crva.
Došao je kraj ljudskoj bijedi,
još samo da to čovjek spozna,
i mirna Bosna.
Možda bi se tako pomirio
cijeli Balkan...?!
Mislim _ da neka sam sve do
sad u životu pogriješio –
otoje ispravno velim.
Razumijete me
dobro svi, nije
li tako braćo
i sestre – ovog
prebajnog
brda?!
Vrba mrda
na samom vrhu!!!
Kojeg smo mi
zbog svoje sljepoće
i gluhoće dušom –
pretvorili,
nesmalim u pakao.

Točka, ili tačka,
na samom kraju,
i te crve neko ---
pojede.
Ako nam je za
utjehu

## tURBO sEVDAH

Obavezno planiram _ da zasijem blitvu!!!
Balkan Boy – ovoga puta.
Žao mi je, odlazim,
budi dobro gdje jesi,
i ne diraj u to
što je između nas bilo.
Živa vatra, spalila me do duše,
i ona podobro _ nagorjela.
Znači – gasi, da ne
izgori cijela planeta.
Ko bi Bogu objasnio
da je to bilo zbog ljubavi.
Ajmo na lagane noge,
ostavimo na police koje
kupe prašinu to što smo
se podijelili po bojama _
i nacionalnim pripadanjima.
Ja sam npr u prošlom
životu bio švabin taoc.
Radio mi djeda
teške poslove _ u logoru ---
ruka - Gore. De ne laži
Željune, nisi imao
u zarobljeništvu
za vrijeme drugog svjetskog
rata _ nikog.
Kako nisam, Balkan
je Jevropom cijelo
vrijeme poslije Turaka i Austrougara
- porobljen?
Pusti te priče Topreče,
do nas je – nije do njih.
Ni oni ne znaju šta ih je snašlo.
A to je _ javno i pred svima _
isti smo svi do otiska prsta.
E sad – ko to zna,
može da cima dalje.
Vjerujte – svi do toga možemo.
kažem vam – volimo se.

Što preko vibera, što preko masingera.
E sadeee kako se to izgovara _ nemam pojma!???
Vajbera i mazindžera _ maybe.
U nas se tako veli.
Nije kao u Germaniju - vielleicht,
učim teke stranog
i oni su ga brale prdnuli u čabar.
Roni dabar, kad izroni opali ga
u čelo metak.
Čudi se lovac, kao –
pojavio se jedan.
Magarče sivi,
ja sam se sa njima kao
mali – klikera igrao.
Sinovi smo mamuta,
jer nam se tata bojao tabuka.
Mi nećemo više ni smrti se plašiti,
samo brale lagane.
pozdravi Adolfa
veli Murat, opali
i Gavrilo princa.
'Oćeš moju nejač zapišavati,
kad iz kafane pijan pođeš.
Hoćeš, ali dok se baraba ne u'vati mot'ke.
Takvi smo mi vođe,
samo nas zavadili.
Isti svi do zadnjeg,
zaguljeni Balkanci.
Pa neko iz mase govornika prikla.
Eto dokle smo mi stigli.
Gdje tek istorija
kad smo svi vegetablete
se dočepali, pa nikog više ne ubijamo,
i zbog toga ne mrzimo?!
Ujutru jednu ubaciš na šešce,
do sutra nema zijevanja,
ako nije pjevanje.
Pa kad se dočepamo
i mi _ sa tri trake ceste,
nema završetka u njivi kuruza.
I to teke auto bana

što sagradismo za grdne pare.
kamate će nam vraćati unuci,
mi daj onaj odozgora - do zadnje rate _
da ostanemo živi.
Rješavajte se tih govana,
pustite ove što nas zadužuju.
oni će u poseban krug pakla.
Na kraju će svima Bog opet oprostiti –
eto koliko je milostiv.
Da, dotle ide pasus
iz zadnjeg stiha.
Skini džemper – da ti vidim...
krstinu ili polumjesec oko vrata,
vi pomislili sise.
Ma kakvi, otoje se čudo –
proteglo do pupka.
Bi me sramota i Isusa i Muhameda.
Onda sam se obukao na brzake,
pa bježi u krpe - odakle si bracane - u
vlažne snove stigao.
Nije mi se poslije sistem digao – podugo.
Inače, poštujem te kao žensko – nego gdje si navalila
sa tim _ preko takvih divnih grudi, oružjem.
Kao, nećeš se spojiti sa drugim bićem,
ako nije kršteno, ili osunećeno,
isto kao da je ljubav samo - muško_ žensko,
krkačenje, i o tome nešto.
Ma pusti te priče,
najbolje da se svevišnji oko toga zeza.
Proggglem je u tome,
što su neke stvari veoma
bitne za naš napredak ka tom
cijenjenom i mnogo puta
spominjanom _ boljitku,
pogrešno shvaćene.
Onda sam tako odlučio jedno
po jedno objašnjavati.
Čim ne radim ništa _
pišem.
Nikad zadovoljniji nisam
bio u životu.

Čak i te što se kite
perjem neke stranke, pripadnosti
toru i te baje , odličje nacije i boje ide do te mjere dok nam
dijete ne dobije temperaturu _ od srca poštujem.
Barem kad već hoćete se time baviti, onda zasučite rukave,
dobro – samo od sebe neće doći.
Možemo se moliti u crkvama i džamijama
trista milijardi budućih ljeta,
roditi nam se još ko zna koliko puta.
Riješili jadi jadni zbog teke para
koje bi da zadjenu za brus striptizeti -
voditi kojekakve bitke.
Lako je tuđom čunom mlatiti
po gloginjama
Tehnaža – velja li velja.
Malo samo da prebacim ploču,
onda priča dalje _ razvaljuje!!!
Vidi i ona odnio đavo šalu,
zafrljači nakit preko leđa - uhvati se posla,
aman što se kaže...

## Via Jelah

Balkanski opanci – Usorski vez
Ništa sapanci, da se lakše natiču!
Dogodi se, il' ne dogodi,
pogodi me strijela ljubavi,
isto k'o što došljaci
pobiše Indijance.
Nismo mi još dorasli
toj nauci _ ni do
petnih žila,
dok je živ _
čovjek bi trebao da
se uči, i opet
na kraju kad i to _
umre nenaučen.
Nije mi to to to to _ smetalo,
nego nema izvedbe za šetnju
mene i moje vjerne druge.
Uprtimo se preko cijela,
svaku večer od Barića,
pa do Banjskog mosta,
ja i Pupi,
ko je odavle,
znaće da pričam
o naseljima grada
na Usori _ Teslića.
Vođekareka neka se presele kosti –
i Isusa i Muhameda – nećemo da mrzimo Tešanj.
Tamo žive dobri ljudi.
Idemo u bolje sutra,
zajedno.
Dokaz da se može će biti
upravo nagli oporavak privrede.
Nije to od politike, nego na scenu
stižu malo jače mudonje,
pa će svi odreda dobro živjeti.
To mi reče jednom nejakav lik
iz Belgije, razumio sam ga
iako nisam poznavao njegove riječi.

Čim čovjek spominje destinacije iz Juge u kojima je bio, a ja nisam
_Mora da je to kod nas
ono najbolje. I jeste, zaista, nigdje nema ljepšeg sunca kao ovdje,
nije Balkan džabe najčešće napadana Tvrđava.
Obožavam proljeće kod kuće – što se kaže.
Dođite nam u goste, i mi ćemo vama.
Kako posao koji radim
jako sve obavljam iz tog
našeg giganta u privredi razjebanog Balkana,
mogu se preseliti u Bukvu – ladno.
potez - Tešanjka
Ono što ne znamo mogli smo za početak
upitati njih.
Kuka se naveliko kako nema radne snage na tržištu.
Šta onda bude? Ode cijena rada gore, ako nećeš platiti više od dvjesto eura,
hoće ti čunu neko i naviti sat za buđenje.
I onda će mladi sretno da rade za svoje parče,
neće i za njega biti u neizvjesnosti.
Posebno onaj ko delati voli.
Mene to motiviše da pišem,
odatle crpim inspiraciju.
To što previše u zadnje vrijeme spominjem
Balkansku Uniju, to je _ što joj se vrijeme primiče!!!

## Zborno mjesto - PEĆINA

Bog postoji – ne vjerujem _ nego znam.
Ma kako lupetaš Topreče, isto kao
da je ta priča o skoku u govna istinita...
Jašta je _ imam žive svjedoke
Čečava k'o Nokia, što manja to bolja _ RASTUŠKE MISLI,
Jednom je naš djed, tamo neki - zajednički,
dao oba ova međaška
sela i do njih Ukrinicu – za Bugarče djevojče.
Eto od tojih sam i ja – sebe bih dao za pjesmu.
Komšija iz susjednog sela do mene
dok je bio mali, napravio od vreće
3*15 ili bješe KAN, padobran.
Sa vrha štale u đubre spustio
svoga najboljeg pajdu.
Šta ti je vjera? – ni slutio nisam
da se u tom dječaku krije
takva snaga. Ma kakvi samo tog
što je sa krova staje ripio,
nego i onog što ga je
na tu ludost nagovorio.
Bi taman da ugrije kako treba,
kad se ono naoblači, i to pravo,
pa više nije većinski vedra neba,
nego se teke na njemu smrklo!!!
A to malo će da sutra preraste
u kišu, onda to znači _ ponovo depra.
Ma kakvi, i kad sjekira sa neba pada,
smjelo gazim naprijed ---
Svejedno moram.
a i za te probleme _ već je neko
smislio kišober.
Kako on može od toljage spasiti glavu?
Ne znam, pitajte Vukašina i Zlaju...

## zEMO...

I love ja vas braćo i sestre,
prvo Zemljani, onda Balkanci
Daj obuci levisice _
i one stare tenisice
Od ljubavi se ne živi,
međutim, ako voliš
poeziju na primjer
pisati - većinom
na ovom našem
još uvijek trulom
svijetu _ gladuješ.
Ma kakvi,
pjevam dok
obavljam delo.
Inače delam u Deželi,
pobjegao od Bakira i Mile!!!

**Znači – pripremajte se lagano za čuda!!!**

Isus će ponovo vaskrsnuti, samo ovaj put dolazi sa Muhamedom.
Umjesto slike svetttca _ na zidu okačena krmeća glava,
uokvirena u zlato! Ko zna koliko karata,
neka se javi u inbox, ispovijedaćemo se!!!
Do daljnjeg _ branim boje Balkanske Unije!!!
Tito i partija - BiH, zato je moj predak morao uprtiti torbu na leđa,
pa pravac na rad u Sloveniju i Hrvatsku.
Jer ako nisi član iste,
dijete sa sela bez razreda škole – možeš drito u robove.
Privremeni rad u Njemačkoj, kojem se naš rod
sa Balkana – skoro svaki član _ raduje.
Ja sam neko ko je jučer drugi
bio, a ono - to što jesam _ danas,
sutra već – ko zna ko!
Memorija bespotrebnih
podataka nam stoji u glavi,
taman pomislili _ da smo opametili.
Kad ono, svi odreda glupi,
isto kao da do dana današnjeg –
nismo bili živi --- nego mrtvi.
Ljudski rod je na dnu
ljestvice dumanja dušom,
zato je u vrhu sa pušnicom
u bašči, nadomak kuće
gdje najviše obitava – da se
domogne pakla _ prekoreda.
Ko fol, gadimo se na Hitlera,
dok nam nož iz ruke ---
ne ispada.
Samo koljemo,
i natičemo na ražanj.
Znači, pripremio sam oranicu
za povrće, ima da se paradajza
prejedem.
Izvini Bože na tom
mom krkanluku _

ne mogu da mu odolim.
Još ako je uz njega
pogača vruća.
ma moš me da
izvineš j...

## Zvjezdane Staze - 2017 od Isusa

Ratovi su nam kazna zbog ubijanja životinja
Nema veze ako smo jučer griješili,
od danas možemo biti svi božija djeca.
Prestanimo jesti mesa umrlih
nosioca duša, odmah će da se
smiri zauvijek ---Bosna!!!
Strah me za zeca u grmu _
jbo mene, ovakvih je
više milijardi ---
Inače, ako ćemo po pravici,
kome je ta vrsta nanijela bola,
naravno – da se izuzme
glavica kupusa?!
Nije me strah ničega kao života,
tačnije, sva briga u tome - hoćemo
li doživjeti sutra _ isto kao da jedno -
stvarno nećemo, jašta ćemo,
uzalud se plašimo…
Danas sam za ručak –
objedovao zelje,
ne jedem leševe,
osim biljne.
Ja Topreče, ali tako
lakše možeš da tresneš od ledinu…
Neka, svejedno jednom hoću.
Ako moram izjesti dugouška,
neka me odma' svevišnji ---
u vječne krpe sprema.
Nema ako, posebno - ne tri puta.
Baš me briga _ da li se krstiš -
ili klanjaš, što je tako -
neka bude jasno.
Jednom će da nas stigne ovakva svijest -
jesmo ga onda nadrljali, ovo sad
je ništa, kako je živjeti u koži zeke.
Čekaš u grmu da te ubije pijani lovac,
da da da - da je bogom drogiran.
Jeste da, i pet puta gori.
Onda ga oguli dragoj za krzna.

Kaže da ju baš baš - puno voli!!!
Kol'ko se ja razumijem u tu nauku - niđe veze.
Al' et'. Moraš trpit' - jer svima će Bog oprostiti,
jeste, toliko je milostiv, međutim _ nije glup...
Nemojte da se lažemo.

## Žig...

Odličan, sjedi jedan, sve je u redu – ružan rukopis.
Onda sam odlučio da se potpisujem _ putem prsta,
ispod pušnice za sušenje mesa _ k'o biblija – 'odžin zapis.
Viri mistrija iza fangle, mješalac brekće,
samo da Bog kiše dadne,
i teke sa njom sreće.
Uveseli nas pun frižider,
plaćeni računi i rate,
na kraju nije ni čudo
što od čovjeka _ posta
takva zvijer.
Nemaš vremena da budeš
što bi trebao, nego si neko
ko je izgubljen u
plaćanjima
i ocjenjivanjima.
A ono svi do jednog – isti.
osim to teke prsta.

## АБЕЦЕДА & AZBUKA

Dabome opet, sloboda narodu...
što rekoše braća Grci _ kad bankama
bjelosvjetskim digoše srednji prst
Da se vol'ko ne preseravamo
manje bi bilo cvijeća o svemu,
i ne bi ovaj naš život bio sapunica,
nego okorelo robovlasničko doba!
Traje odonda otkad smo ukopali Titu,
šoo se tiče Balkana tako je, ni širom
svijeta _ nije ništa bolje.
Gore pet puta, U Albaniji
nisam vidjeo smeća
pored cesta kao u Bosni
i Hercegovini.
Kad sam svojom lošom garminkom zalutao jedne prilike
u Skadar, umalo nisam sjeo na guzicu, sreća već sam to
činio u sjedištu kamiona.
Priđe mi policajac, pa me izvede na pravi
put, a nije ovi naši, daj cenera, gazi ako hoćeš cijelu masu.
Znači, prava jeftinoća smo ti mi.
Glumci na dnevnicu od deset eura.
Ako malo brže poćeraš sa posla,
džabe si čitav dan radio.
I u Republici Srpskoj, i u Federaciji, znači i to _ ruglo!!!
Carinici me dočekali kao brata, ništa vam ovo ne lažem, imam živog
svjedoka. Onda smo naišli na selo gdje se samo sadi gandža, pun sokak
nekada skupocjenih mercedesa, izviruje iz jednih kola po deset glava,
tačno se osjeti sloboda. Niti - gdje blobma?... daj sad dva cenera, ako ne
daš kojim slučajem žmigavac na raskrsnici – već si taj dan u debelom
minusu. Šta meni onda vrijedi ako bi Albanija i bila gora od sveopšteg
stanja na cijelom Balkanu? Mislim ja da bi mi ostali od njih zaista imali
šta naučiti. Kao npr – da krenemo od tih sela gdje se preferira zeleni
uzgoj. Ili, ajd nećemo od toga, prestanimo se gađati cenerima - kad smo
dužni milijarde.

## SADRŽAJ

Ajmo Mile i Bakire _ na građev'nu!!! ..................................................... 1
Auuuuuuuuuu .......................................................................................... 2
Auuuuuuuuuuu ........................................................................................ 4
Bambi ........................................................................................................ 6
Ble .............................................................................................................. 7
BU _ ništa JEVROPA!!! ........................................................................... 8
Cveki ........................................................................................................ 11
Digimon i Pokemon ............................................................................... 15
Dinamit .................................................................................................... 17
Ding - Dong ............................................................................................. 19
Dobrojtro ................................................................................................. 21
dUMA - GIJa .......................................................................................... 22
In memoriam .......................................................................................... 26
Jablan i Rudonja .................................................................................... 28
Kikiriki molitva!!! .................................................................................. 29
Krikkkkkkkkkkkkkk ............................................................................. 33
Laktaši protiv ostatka svijeta ............................................................... 35
Ljubav ..................................................................................................... 36
lop ata ..................................................................................................... 39
Mac mac .................................................................................................. 40
Mamicu nam humanu!!! ....................................................................... 43
Maratonci ne trče nikakve krugove .................................................... 45
Meditacija _ ulica - Branka Ćopića ..................................................... 49
Melanija – zvijer se otrgla sa lanca. .................................................... 51
Mrka kapa .............................................................................................. 52
Muuuuu ................................................................................................. 60
Najeosecrnogluka .................................................................................. 61
Najjača grana privrede u BiH _ CARINSKI TERMINAL!!! ............ 62
Nedjeljna molitva _ popodnevna ........................................................ 63
Nerast ..................................................................................................... 64
Nokia 3310 .............................................................................................. 65
Obatalio mi se tetris .............................................................................. 66
ORA ......................................................................................................... 67
Ovu sam napisao _ dok sam još vozio kamion... .............................. 68
P IO M IO – zavod ................................................................................. 70
Pakao live ............................................................................................... 73
Poezija iz petne žile ............................................................................... 75

| | |
|---|---|
| Poparu za Božić!!! | 76 |
| Princip | 77 |
| Putin i Anči | 78 |
| Simo – driver!!! | 80 |
| So much… | 81 |
| tURBO sEVDAH | 83 |
| Via Jelah | 87 |
| Zborno mjesto - PEĆINA | 89 |
| zEMO… | 90 |
| Znači – pripremajte se lagano za čuda!!! | 91 |
| Zvjezdane Staze - 2017 od Isusa | 93 |
| Žig… | 95 |
| АБЕЦЕДА & AZBUKA | 96 |

# ŽELJKO TOPREK
# TURBO SEVDAH

**Za izdavača:** Željko Toprek

**Glavni i odgovorni urednik:** Nikola Šipetić Tomahawk

**Tehnički urednik:** Vladimir RZ Protić

**Ilustracije i dizajn korica:**
Nikola Šipetić

**Urednici poetskih izdanja:**
Jelena Stojković Mirić

Copyright © Željko Toprek